北大版短期培训汉语教材

走进中国

原《走进中国》系列汉语教材全新修订版

MEETING CHINA

Elementary Comprehensive Chinese

初级汉语

杨德峰　王添淼　编著

北京大学出版社
PEKING UNIVERSITY PRESS

图书在版编目(CIP)数据

走进中国：初级汉语/杨德峰，王添淼编著. —北京：北京大学出版社，2011.6
(北大版短期培训汉语教材)
ISBN 978-7-301-18916-0

Ⅰ. 走… Ⅱ. ①杨…②王… Ⅲ. 汉语—对外汉语教学—教材 Ⅳ. H195.4

中国版本图书馆 CIP 数据核字(2011)第 093015 号

书　　　名：走进中国：初级汉语
著作责任者：杨德峰　王添淼　编著
责 任 编 辑：孙　娴
标 准 书 号：ISBN 978-7-301-18916-0/H・2834
出 版 发 行：北京大学出版社
地　　　址：北京市海淀区成府路 205 号　100871
网　　　址：http://www.pup.cn　　电子信箱：zpup@pup.pku.edu.cn
电　　　话：邮购部 62752015　发行部 62750672　出版部 62754962　编辑部 62754144
印　刷　者：北京大学印刷厂
经　销　者：新华书店
787 毫米×1092 毫米　16 开本　8.25 印张　201 千字
2011 年 6 月第 1 版　2019 年 6 月第 2 次印刷
定　　　价：30.00 元(附 MP3 盘 1 张)

前　言

随着中国社会经济的深入发展，到中国学习汉语的学生人数日益增多，其中既有学习半年以上的长期学习者，也有学习四周、六周、八周不等的短期学习者，而后者人数在近年迅猛增长，大有与前者平分秋色之势。

目前供短期汉语学习者使用的教材虽然出版了不少，但总的来看，在数量、品种和质量上都不能很好地满足教学需要，主要问题是分技能教材之间缺乏必要的内在联系，常常是两套马车，各走各的，以致影响教学效率；另外教材容量和层级划分不能满足当前短期汉语教学课型安排、授课时数、学生现有水平与学习需求等方面灵活多样的特点。有鉴于此，我们编写了这套全新的《走进中国》系列教材。

一、编写背景

这套教材在1997年版《走进中国》（初级本、中级本、高级本）系列教材基础上全新编写而成。

原版《走进中国》系列教材为综合技能教材。由于内容和形式适应时代需求，面世后广受欢迎，并很快形成品牌，至今仍被广泛使用。但毕竟语言教材时代性强，需适时更新，以新的理念和研究成果充实教材内容，并体现时代风貌。

2008年3月北京大学出版社与原版《走进中国》的作者就汉语短期班，特别是假期班的教学召开专题研讨会，就新的教学需求和教材编写理念进行了磋商。新版《走进中国》的编写工作自此拉开了序幕。除原版教材的部分作者外，新加入的编写人员也都来自北京大学对外汉语教学第一线。我们的目的是与时俱进，拓宽视野，在保持原版教材基本特色的基础上，打破原有框架，在新的教学理念指导下编写一套能够适应当前短期班特点的新教材。

二、内容与教学建议

本套教材共8册，分为综合课本和口语课本两个系列，每个系列中包括基础、初级、中级和高级四个层次，同一层次的综合课本和口语课本在词汇、语法、话题等方面互为补充。

每册教学时间约为40—60学时，可用于4—6周全日制短期班，也可用于非全日制但学时较长的学生。基于短期学生学习时间集中，课外活动较多，预习复习时间不充裕等特点，我们进行了如下设计：

1. 课文：每册12课，每课建议授课4学时，一般为两次完成一课。综合系列基础和初级阶段课文为对话和语段；中高级阶段为语段。口语系列中级以下以情景为主线，功能融入其中，高级则场景与话题相结合。

2. 生词：综合系列基础级每课生词量平均为15个，高级为30个；口语系列相应减少5个左右。各册总词汇量逐级增加，从约300个到约700个。横向系列的生词重叠不超过1/3。选词依据主要为汉语水平词汇大纲，也适当参考了近年统计的高频词和短期学生的生活实际。课后的补充词语未计入其中，教师可根据实际情况灵活要求。

3. 语言点：综合系列语言点从1—2到4—5个；口语采用句式练习的方式呈现，每课控制在5个以内。全部语言点均配英文翻译。

4. 练习：生词、课文、语言点后配专项练习，最后是针对全课的综合练习。教师可指导学生通过专项练习掌握要点，通过综合练习巩固提高。练习形式多为任务型，突出交际性，数量略多于上课实际需要，教师可适当取舍。

三、主要特色

1. 系统性

综合教材与口语教材相辅相成，既自成系列，又相互配合。层级细分，可满足不同的教学需要，便于分班授课。相邻的两本教材无论是在生词数量上还是在课文长度上，都努力做到自然衔接，尽量不出现台阶，以方便学习者连续学习。

2. 针对性

话题的确定建立在问卷调查的基础上，所选话题都是学生急需的、感兴趣的。课文以对话为主，注重词语和语法的学习，体现短期学习的特殊需求。

3. 实用性

话题、词语、语法点都是最常见的，学习以后可以直接用于日常生活交际。生词、语法不求深入系统，务求简明实用。

4. 实践性

所选话题源于生活，所设情景贴近生活。课文编排以对话为主，突出实践性，尽量与现实生活接轨，以便学习者学以致用。

5. 趣味性

对话的编写、阅读语料的选取，除考虑生活性、知识性、广泛性、可读性外，也重视趣味性，对话尽量生动活泼，语料尽可能丰富多彩，以便激发学习者的兴趣。练习除强调交际性以外，还有一些趣味性和游戏性的内容，尽量做到实用有趣。

教材总体策划为刘元满、杨德峰。他们设计编写方案，制定编写体例，并协调各册编者密切配合。综合系列由杨德峰统稿，口语系列由刘元满统稿。

本套教材获北京大学主干基础课教材立项。刘元满负责进行申报教材立项工作，并拟定教师和学生使用情况调查问卷。在编写过程中，整个团队在愉悦、高效的气氛中互相协作，比较充分地实现了最初的设计。此外，王玉在多个项目中组织问卷调查，王文龙整理会议记录，统计问卷结果。在教材试用过程中，他们联系打印社，保证了教学的正常使用。他们所做的工作琐碎繁杂而至关重要。

另外，在教材设计、编写及出版过程中，北京大学出版社沈浦娜主任和宋立文、孙娴、沈岚、贾鸿杰等位编辑多次参与研讨，提出不少宝贵意见，在此一并致谢。

本套教材 2009 年 6 月起在北京大学春季班和暑期班试用多次，根据师生反馈调整修改之后又在暑期班和春季班试用了两轮。经过一年多的打磨，现在终于付梓了。希望本套教材的出版为教师在教学时提供一个选择的机会。教材编写是一个系统工程，尽管我们倾注了大量的心血，但仍有遗憾和惋惜，不尽如人意之处还希望使用者多提宝贵意见，以便将来修订、完善，使之更趋成熟。

编　者

Preface

As China's economic development continues to progress on such an impressive scale, the number of students who have developed an interest in studying the Chinese language has also gradually increased. These students include those who remain for six months or longer to partake in the long-term Chinese language programs, as well as short-term students who attend the courses for four, six, or even eight weeks. In recent years we have witnessed a rapid increase for those in the latter category.

At present, teaching materials for those enrolled in the short-term Chinese language program remain abundant. However, the number, variety and quality of these materials are not sufficient in maximizing the learning potential of the students. Of greatest concern is the lack of consistency between the materials used to teach various language skills; oftentimes, there is a vast difference between what various teachers define as the most effective means of education. This has greatly impacted the degree of efficiency when teaching. Furthermore, the amount of content within the materials and the level of difficulty of the short-term Chinese language program have not adequately accommodated for factors prone to variation, such as the in-class arrangements, teaching hours, current level of the students and their learning needs. In view of this, we have compiled a brand new collection of teaching materials, the "Meeting China" series.

Ⅰ. Background to the Creation of "Meeting China"

In 1997, the foundations for the materials of the "Meeting China" series (catering for elementary, intermediate and advanced levels) were compiled and established.

This original "Meeting China" series aimed to teach comprehensive language skills. As a result of the demands of the time, the series gained such immense popularity it became renowned in the world of education, and is still widely used today. However, the nature of language education is one that forever progresses; there is a constant need to update materials and enrich course content according to new ideas and research results, as well as the defining characteristics of the time.

In March 2008, Peking University Press and the author of the original "Meeting China" held a symposium regarding the short-term Chinese language program courses, with a particular focus on the holiday courses. Consultations about the new teaching requirements and ideas for teaching materials were also made. These meetings were to serve as the prelude to preparing the new edition of “Meeting China” . Aside from the author of the preserved portion of the original materials, those who wrote the new materials are at the forefront of the School of Chinese as a Second Language at Peking University. Our aim is to advance with the times and broaden our horizons, while simultaneously preserving the remarkable foundations as established by the original teaching materials. In this way, we will transcend the original framework, following a new teaching philosophy to successfully compile a revolutionary set of teaching materials that adapt to the uniqueness of the current short-term language classes.

Ⅱ. Content and Suggestions for Teaching

This set of teaching materials is comprised of a total of 8 volumes divided into two series of Comprehensive Chinese and Spoken Chinese books. Every series includes basic, elementary, intermediate and advanced levels; identical levels of comprehensive Chinese and spoken Chinese have complementary content in terms of vocabulary, grammar, topics etc.

Every book requires approximately 40–60 in-class teaching hours; this is suitable for teaching those in the full-time short-term courses, as well as those in courses of longer duration. Based on such factors as the number of learning hours required by the short-term language course students, the greater number of hours dedicated to extra-curricular activities, and insufficient time allocated to previewing and reviewing class material, we recommend the following lesson plan:

1. Texts: Every book contains 12 lessons; we suggest that each lesson is taught within 4 class hours so that one lesson is completed every two classes. The basic and elementary stages of the Comprehensive Chinese series focus on dialogue and discourse, while the intermediate and advanced stages simply focus on discourse. Intermediate stages and below in the Spoken Chinese series include the importance of context and functional integration; the texts of advanced stages also include a combination of topics and situations.

2. Vocabulary: Basic level books of the Comprehensive Chinese series contain an equal number of 15 new vocabulary items in each lesson, while advanced level books contain 30 in each lesson. Books of the corresponding levels in the Spoken Chinese series have approximately 5 less new vocabulary items. Generally speaking, every book will see the students increasing their vocabulary by approximately 300 to 700 words. The number of overlapping vocabulary items between each successive level does not exceed one third. The vocabulary items were chosen based mainly on the Outline of Chinese Vocabulary and Chinese Characters Level; this selection was also based on recent statistics which revealed the words most frequently used by short-term language program students in their daily lives. If there are new items that are not explained in the text, the teacher is free to adapt to the demands of the situation and supplement the lesson.

3. Grammar points: The Comprehensive Chinese series contain 1–2 to 4–5 grammar points each lesson. Those in the Spoken Chinese series are presented via practising sentence formation, where every lesson includes at most 5 points. All grammar points are accompanied by an English translation.

4. Practice: The new vocabulary items, texts, grammar points of each lesson are followed by suitable exercises and concluded with comprehensive practice exercises that reinforce the content that was taught. Through these practice exercises, teachers can highlight which aspects to master; comprehensive practice exercises will further consolidate the increased proficiency of the students. Forms of practice are mainly task-based, highlighting the importance of communication in situations beyond the classroom context. The appropriateness of these activities may be determined by the teacher.

Ⅲ. The Main Features

1. Systematic

Comprehensive Chinese and Spoken Chinese books are complementary. Not only can each be taught in a series, but also collaboratively. Levels and subdivisions satisfy the needs of different teaching styles and make separating classes easier. In regards to the teaching materials, whether it is the amount of new vocabulary words or the length of the texts, it is possible to achieve a natural integration into daily life, ensuring students do not try to avoid studying and facilitating continuous learning.

2. Targeted

Topics will be determined by the results of a questionnaire, selected based on the students' needs and interests. Text and dialogue are top priority. They focus on vocabulary and grammar, reflecting the special demands of short-term learning.

3. Functionality

Topics, vocabulary words, and grammar points are most commonly discussed in class and can be used for everyday communication. It is important to know the clear and concise function of the vocabulary words and grammar patterns rather than have a deep and thorough categorization.

4. Put into practice

Selected topics and situations come from real life scenarios. The text layout is based on dialogues that highlight the practicality of the text and integrate with real life, so students apply what they have learned.

5. Interesting

In addition to the dialogues written in the teaching materials, the selection of written materials, and the considerations of life, knowledge, breadth, and readability, we have made an effort to incorporate fun and lively conversations into the learning materials, making the texts as rich and varied as possible, in order to stimulate the students' interest. In addition to emphasizing communicative practice, there are a number of interesting games, so learning the materials will be as interesting as possible.

Liu Yuanman and Yang Defeng made the overall design for the teaching materials. They write programs designed to develop new writing styles and formats and coordinate closely with the compilers. Yang Defeng drafted the comprehensive series while Liu Yuanman drafted the spoken series.

Our textbooks have been a part of Peking University's arsenal for generalized subject courses. Liu Yuanman is responsible for setting up the project regarding the teaching materials, and for formulating the condition of service questionnaire for teachers and students. During the preparation process, the entire team worked in a pleasant and efficient atmosphere, collaborating with each other to achieve their original design. In addition, Wang Yu organized several survey projects while Wang Wenlong organized notes from their meetings, calculated the results of the questionnaires. During the textbooks' trial process, they contacted the printing company to ensure normal usage of the teaching materials. Their work is tedious, complex, and essential to the production of this textbook.

In addition, I would like to thank the director of Peking University Press Shen Puna, and Song Liwen, Sun Xian, Shen Lan, Jia Hongjie, and other editors who, during the designing, writing and publishing process, participated in discussions, and made many valuable suggestions.

From June 2009, Peking University used this set of materials on a trial basis during the spring, summer quarters several times. After adjusting and modifying the material according to professors' and students' feedback, this set of materials was used twice more during the summer and spring quarters. After a year of polishing the material, it is finally ready for publication. We hope that the publication of this set of materials will provide the educators a choice in teaching materials. Writing textbooks is a systematic process. Even though we put in a lot of hard work, we still have regrets. We gladly welcome suggestions from anyone using the series, so we may make improvements and perfect the materials.

Compilers

略 语 表

Abbreviations

名	名词	míngcí	noun
代	代词	dàicí	pronoun
动	动词	dòngcí	verb
助动	助动词	zhùdòngcí	auxiliary
形	形容词	xíngróngcí	adjective
数	数词	shùcí	numeral
量	量词	liàngcí	measure word
副	副词	fùcí	adverb
介	介词	jiècí	preposition
连	连词	liáncí	conjunction
助	助词	zhùcí	particle
叹	叹词	tàncí	interjection
拟声	拟声词	nǐshēngcí	onomatopoeia
头	词头	cítóu	prefix
尾	词尾	cíwěi	suffix

目　　录
CONTENTS

第一课　我想找个语伴

Lesson 1　I want to look for a language partner

课前热身 Warming-up Exercises

1. 你想找语伴吗？
2. 你想找什么样的语伴？
3. 你希望语伴帮你做什么？

词　　语 Words & Phrases

1. 找	zhǎo	动	look for
2. 语伴	yǔbàn	名	language partner
3. 条件	tiáojiàn	名	term; condition
4. 希望	xīwàng	动	hope
5. 教	jiāo	动	teach
6. 练习	liànxí	动、名	practice
7. 问	wèn	动	ask
8. 添	tiān	动	give
9. 找到	zhǎodào	动	find
10. 中文系	Zhōngwénxì	名	Chinese department
11. 文学	wénxué	名	literature
12. 专业	zhuānyè	名	major
13. 手机	shǒujī	名	mobile

14. 邮箱	yóuxiāng	名	email address
15. 联系	liánxì	动、名	contact
16. 空儿	kòngr	名	spare time

专有名词 **Proper nouns**

1. 大卫	Dàwèi	David
2. 李	Lǐ	Li (surname)
3. 王小明	Wáng Xiǎomíng	name of a person

词语练习 Word Exercises

一、词语搭配连线 Match

找	麻烦
教	英语
练习	语伴
添	汉字

二、读下面的短语 Read the following phrases

找个语伴　　练习口语　　添麻烦　　跟他联系

中文系文学专业　　两部手机

Text 课文

（一）

（课间休息的时候，大卫找李老师）

大　卫：李老师，我想找一个语伴，您能帮我吗？

李老师：当然可以。有什么条件？

大　卫：我希望他教我写汉字，跟我练习口语，我教他英语。

李老师：我帮你问一下。

大　卫：给您添麻烦了。

李老师：不客气！

（第二天课间休息的时候）

李老师：大卫，你来一下。

大　卫：什么事？

李老师：我给你找到一个语伴。

大　卫：太好了。

李老师：他叫王小明，是中文系文学专业的学生。这是他的手机号码和邮箱。

大　卫：什么时候可以和他联系？

李老师：今天晚上八点以后他有空儿，你可以跟他联系。

大　卫：谢谢老师！

(Kèjiān xiūxi de shíhou，Dàwèi zhǎo Lǐ lǎoshī)

Dàwèi： Lǐ lǎoshī，wǒ xiǎng zhǎo yí ge yǔbàn，nín néng bāng wǒ ma?

Lǐ lǎoshī：Dāngrán kěyǐ. Yǒu shénme tiáojiàn?

Dàwèi： Wǒ xīwàng tā jiāo wǒ xiě Hànzì，gēn wǒ liànxí kǒuyǔ，wǒ jiāo tā Yīngyǔ.

Lǐ lǎoshī：Wǒ bāng nǐ wèn yíxià.

Dàwèi： Gěi nín tiān máfan le.

Lǐ lǎoshī：Bú kèqi!

(Dì èr tiān kèjiān xiūxi de shíhou)

Lǐ lǎoshī：Dàwèi，nǐ lái yíxià.

Dàwèi： Shénme shì?

Lǐ lǎoshī：Wǒ gěi nǐ zhǎodào yí ge yǔbàn.

Dàwèi： Tài hǎo le.

Lǐ lǎoshī：Tā jiào Wáng Xiǎomíng，shì Zhōngwénxì wénxué zhuānyè de xuésheng. Zhè shì tā de shǒujī hàomǎ hé yóuxiāng.

Dàwèi： Shénme shíhou kěyǐ hé tā liánxì?

Lǐ lǎoshī：Jīntiān wǎnshang bā diǎn yǐhòu tā yǒu kòngr，nǐ kěyǐ gēn tā liánxì.

Dàwèi： Xièxie lǎoshī!

（二）

大卫不会写汉字，李老师给他找了一个语伴。他的语伴叫王小明，是中文系的学生。王小明教大卫写汉字，还跟他练习口语，大卫教王小明英语。

Dàwèi bú huì xiě Hànzì，Lǐ lǎoshī gěi tā zhǎole yí ge yǔbàn. Tā de yǔbàn jiào Wáng Xiǎomíng，shì Zhōngwénxì de xuésheng. Wáng Xiǎomíng jiāo Dàwèi xiě Hànzì，hái gēn tā liànxí kǒuyǔ，Dàwèi jiāo Wáng Xiǎomíng Yīngyǔ.

Text Exercises 课文练习

根据课文回答问题 Answer the questions according to the text

1. 大卫找语伴有什么条件？
2. 李老师找大卫有什么事？
3. 大卫语伴的专业是什么？
4. 大卫什么时候可以跟语伴联系？
5. 大卫会写汉字吗？
6. 王小明教大卫什么？大卫教王小明什么？

Language Points 语言点

一、您能帮我吗？

■ “能”可以表示有某种能力。如：
“能” can indicate capability. For example:

（1）弟弟**能**喝一瓶啤酒（píjiǔ，beer）。

（2）他**能**吃三个汉堡包（hànbǎobāo，hamburger）。

■ “能”也可以表示允许，一般用于疑问句和否定句中。否定形式是“不能”。如：

“能” can also indicate permission, which is often used in the interrogative sentences and the negative ones. The negative form of “能” is “不能”. For example:

(1) A：我能跟他联系吗？

B：能。

(2) A：你能告诉我吗？

B：我不能告诉你。

1. 看图，两人一组用“能”会话

Look at the pictures and talk about them with “能” in pairs

(1)

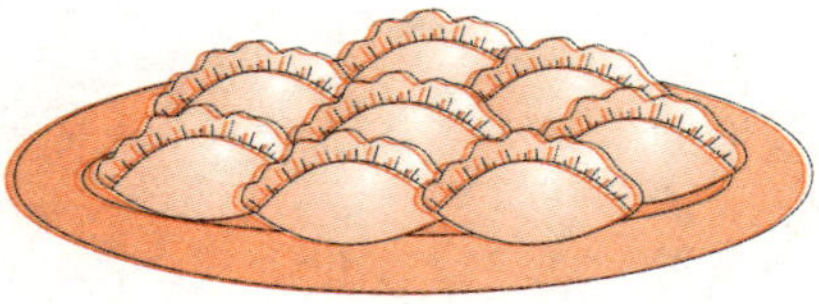

(2)

(3)

(4)

(5)

2. 用“能”完成对话

Complete the dialogues with “能”

(1) A：考试的时候可以看书吗？

B：____________________

(2) A：我可以进去吗？

B：____________________

(3) A：这儿可以照相（zhào xiàng，take photos）吗？

B：________________

(4) A：________________？

B：当然可以。

(5) A：明天考试，大家________________！

B：我们不会迟到（chídào，be late）的。

(6) A：________________？

B：你用吧。

二、当然可以

■ "可以"表示允许，一般用于肯定句和疑问句中，其否定形式是"不能"。如：

"可以" indicates permission, which is often used in the affirmative sentences and interrogative ones. The negative form is "不能". For example:

(1) A：今天我可以跟他联系吗？

B：可以。

(2) 你可以去，他不能去。

(3) A：他可以跟我们一起吃饭吗？

B：不能。

1. 看图，两人一组用"可以"会话

Look at the pictures and talk about them with "可以" in pairs

(1)

(2)

(3)

(4)

(5)

2. 用“可以”完成对话

Complete the dialogues with “可以”

(1) A：考试的时候可以看书吗？

B：________________

(2) A：我想买这件衣服，________________？

B：当然。

(3) A：这个汉字我不会写，________________？

B：可以呀！

(4) A：________________？

B：没问题。

(5) A：________________？

B：当然可以。

(6) A：________________？

B：不能打手机。

综合练习 Comprehensive Exercises

一、用“能”或“可以”完成任务

Complete the tasks with “能” or “可以”

1. 在商店换衣服

A：________________

B：________________

2. 在书店买书

A：________________

B：________________

3. 请求别人帮自己

A：________________

B：________________

4. 借 (jiè, borrow) 别人的自行车

A：________________

B：________________

二、写汉字 Write the Chinese characters

能　帮　以

件　教　练

第二课　你能帮我看看吗？
Lesson 2　Could you help me to read it？

课前热身 Warming-up Exercises

1. 你经常发短信吗？
2. 你经常收到什么样的短信？

词　　语 Words & Phrases

1. 收到	shōudào	动	receive
2. 条	tiáo	量	measure word（used to count the number of message）
3. 短信	duǎnxìn	名	short message
4. 广告	guǎnggào	名	advertisement
5. 机票	jīpiào	名	airplane ticket
6. 打折	dǎ zhé		discount
7. 念	niàn	动	read
8. 凡是	fánshì	副	all
9. 提前	tíqián	动	move up a date
10. 预订	yùdìng	动	book; make a reservation
11. 一律	yílǜ	副	all; without exception
12. 折	zhé	量	measure word（used to count the number of discount）
13. 以	yǐ	介	according to

14. 原来	yuánlái	名	original; former
15. 价钱	jiàqian	名	price
16. 百分之	bǎi fēn zhī		percent
17. 比如说	bǐrú shuō		for exemple
18. 这么	zhème	代	so; such
19. 下班	xià bān		come off work

专有名词 Proper nouns

1. 东方航空公司	Dōngfāng Hángkōng Gōngsī	Eastern Airline
2. 广州	Guǎngzhōu	name of a city

Word Exercises 词语练习

一、连字组词 Match

打	班
提	钱
下	来
价	折
原	前

二、读下面的短语 Read the following phrases

收到短信	念短信	预订机票	一个广告
打折的机票	提前预订	一律三折	原来的价钱

课　文 Text

（一）

（王小明在大卫宿舍，准备给大卫辅导）

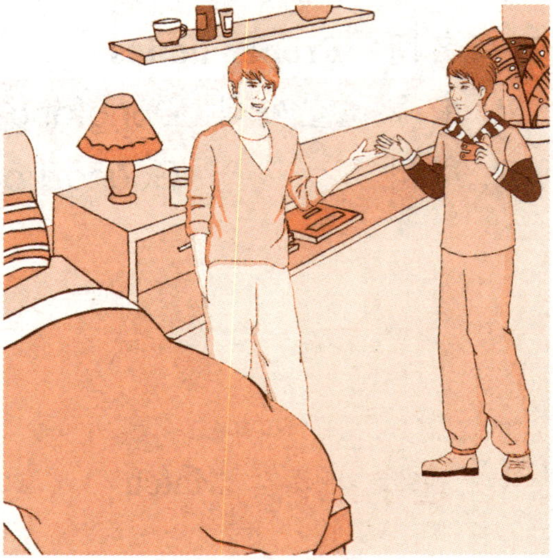

大　卫：小明，昨天收到一条短信，我看不懂，你能帮我看看吗？

王小明：当然可以。

大　卫：你等一下，我找找。（过了一会儿）找到了，是这条。

王小明：这是一个广告。

大　卫：什么广告？

王小明：是一个机票打折的广告，我给你念念：6月25日到7月15日，凡是提前一个月预订东方航空公司到广州的机票，一律三折。

大　卫："三折"是什么意思？

王小明："三折"就是以原来价钱的百分之三十卖给你机票。比如说，到广州的机票原来的价钱是1000块，现在就是300块。

大　卫：这么便宜，太好了。6月我想去广州，怎么预订？

王小明：有他们的电话号码，给他们打电话就行了。

大　卫：我现在就打。

王小明：现在下班了，明天再打吧。

大　卫：好吧。

(Wáng Xiǎomíng zài Dàwèi sùshè, zhǔnbèi gěi Dàwèi fǔdǎo)

Dàwèi: Xiǎomíng, zuótiān shōudào yì tiáo duǎnxìn, wǒ kànbudǒng, nǐ néng bāng wǒ kànkan ma?

Wáng Xiǎomíng: Dāngrán kěyǐ.

Dàwèi: Nǐ děng yíxià, wǒ zhǎozhao. (Guòle yí huìr) Zhǎodào le, shì zhè tiáo.

Wáng Xiǎomíng: Zhè shì yí ge guǎnggào.

Dàwèi: Shénme guǎnggào?

Wáng Xiǎomíng: Shì yí ge jīpiào dǎ zhé de guǎnggào, wǒ gěi nǐ niànnian: liùyuè èrshíwǔ rì dào qīyuè shíwǔ rì, fánshì tíqián yí ge yuè yùdìng Dōngfāng Hángkōng Gōngsī dào Guǎngzhōu de jīpiào, yílǜ sān zhé.

Dàwèi: "Sān zhé" shì shénme yìsi?

Wáng Xiǎomíng: "Sān zhé" jiù shì yǐ yuánlái jiàqian de bǎi fēn zhī sānshí mài gěi nǐ jīpiào. Bǐrú shuō, dào Guǎngzhōu de jīpiào yuánlái de jiàqian shì yì qiān kuài, xiànzài jiù shì sān bǎi kuài.

Dàwèi: Zhème piányi, tài hǎo le. Liùyuè wǒ xiǎng qù Guǎngzhōu, zěnme yùdìng?

Wáng Xiǎomíng: Yǒu tāmen de diànhuà hàomǎ, gěi tāmen dǎ diànhuà jiù xíng le.

Dàwèi: Wǒ xiànzài jiù dǎ.

Wáng Xiǎomíng: Xiànzài xià bān le, míngtiān zài dǎ ba.

Dàwèi: Hǎo ba.

（二）

大卫收到一个短信，他看不懂。大卫的语伴王小明告诉他，这是一个航空公司的广告。广告说6月25日到7月15日，提前预订东方航空公司到广州的机票，可以便宜百分之七十。大卫打算去广州，他想预订一张飞机票。

Dàwèi shōudào yí ge duǎnxìn, tā kànbudǒng. Dàwèi de yǔbàn Wáng Xiǎomíng gàosu tā, zhè shì yí ge hángkōng gōngsī de guǎnggào. Guǎnggào shuō liùyuè èrshíwǔ rì dào qīyuè shíwǔ rì, tíqián yùdìng Dōngfāng Hángkōng Gōngsī dào Guǎngzhōu de jīpiào, kěyǐ piányi bǎi fēn zhī qīshí. Dàwèi dǎsuan qù Guǎngzhōu, tā xiǎng yùdìng yì zhāng fēijīpiào.

课文练习 Text Exercises

根据课文回答问题 Answer the questions according to the text

1. 大卫收到了一条什么短信？
2. 短信的内容是什么？
3. “三折”是什么意思？
4. 大卫六月要去哪儿？
5. 大卫打电话了吗？为什么？

语言点 Language Points

一、我看不懂

■ “动词$_1$+不+动词$_2$/形容词”表示“不能+动词$_1$+动词$_2$/形容词”的意思，它的肯定形式是“动词$_1$+得+动词$_2$/形容词”。如：

"$verb_1$+ 不 +$verb_2$/adjective" indicates "不能 (can not) +$verb_1$+ $verb_2$/adjective", the affirmative form is "$verb_1$+ 得 +$verb_2$/adjective". For example:

(1) 这么多菜，我吃不完。
(2) 老师说话太快，我们听不懂。
(3) 那个字太小，你看得见，她看不见。

1. **仿照例子，把下面的短语变成"动词$_1$+不+动词$_2$/形容词"和"动词$_1$+得+动词$_2$/形容词"**

Change the phrases into the form "$verb_1$+不+$verb_2$/adjective" and the form "$verb_1$+得+$verb_2$ /adjective" according to the examples

例：看清楚→看不清楚/看得清楚

听懂→	喝完→	记住→	洗干净→
学完→	看见→	做好→	见到→

2. **用"动词$_1$+不+动词$_2$/形容词"和"动词$_1$+得+动词$_2$/形容词"完成对话**

Complete the dialogues with the form "$verb_1$+不+$verb_2$ / adjective" and the form "$verb_1$+得+$verb_2$/adjective"

(1) A：你能听懂中国人说话吗？
B：______________________________

(2) A：咱们要三瓶啤酒吧。
B：______________________________

(3) A：明天听写 (tīngxiě, dictation) 汉字。
B：老师，后天可以吗？这次汉字太多，______________。

(4) A：这件衣服太脏 (zāng, dirty) 了，______________。
B：是吗？那怎么办？

(5) A：还有一个星期就放假（fàng jià, have a vacation）了，__________吗？

B：学不完。

(6) A：最近你能见到王小明吗？

B：______________________________

二、找到了，是这条

■ “动词$_1$+ 动词$_2$ / 形容词”中的动词$_2$ 或形容词是结果补语，表示动词$_1$ 所表示的动作带来的结果，否定一般是在“动词$_1$”前面加上“没（有）”。例如：

The verb$_2$ or adjective in the phrase “verb$_1$+verb$_2$ /adjective” is the complement of result, indicating the result of an action. “没（有）” is used before the verb$_1$ to negate a verb-complement of result phrase. For example:

(1) 大卫收到一条短信。

(2) 今天他来晚了。

(3) 昨天我没看见大卫。

1. 在下面的动词后面加上结果补语，并各说一个句子

Put a complement of result behind the each following verbs and make a sentence with the verb-complement of result phrase

买 ______ ______________________________

学 ______ ______________________________

看 ______ ______________________________

预订 ______ ______________________________

走 ______ ______________________________

吃 ______ ______________________________

2. 用"动词$_1$+动词$_2$/形容词"完成对话

Complete the dialogues with "verb$_1$+verb$_2$/adjective"

(1) A：大卫今天没来上课，______________?

B：没有。

(2) A：______________________________

B：以后再去吧。

(3) A：________________，咱们回去吧。

B：走吧!

(4) A：______________________________

B：那我们可以一起去广州了。

(5) A：__________________，休息一会吧。

B：好的。

(6) A：______________________________?

B：完了。我们今天学第二课。

Comprehensive Exercises 综合练习

一、在括号中填上恰当的词语

Fill in the blanks with the proper words

帮	预订	打折	收到	提前

1. 我的行李太多了，你能（　　　）我拿一点儿吗?
2. 那个商店的东西（　　　），这个商店的东西不（　　　）。
3. 回国的机票还没有（　　　）。
4. 昨天（　　　）妈妈的一个短信。
5. 听说考试（　　　）了，你知道吗?

二、说一说，写一写 Talk and then write

1. 请告诉大家一条有趣的短信。
2. 请编写一条短信。

三、写汉字 Write the Chinese characters

收	到	短
念	票	预
原	说	班

第三课　空调坏了
Lesson 3　The air-condition is broken

Warming-up Exercises 课前热身

1. 你住在哪儿？
2. 你房间里有空调吗？
3. 你的房间有问题吗？

Words & Phrases 词语

1. 服务员	fúwùyuán	名	waiter/waitress
2. 空调	kōngtiáo	名	air-condition
3. 开	kāi	动	turn on
4. 凉快	liángkuai	形	cool
5. 别	bié	副	don't
6. 着急	zháojí	形	feel worried
7. 让	ràng	动	let
8. 热	rè	形	hot
9. 不行	bù xíng		be no good; it doesn't work
10. 衣服	yīfu	名	clothes
11. 湿	shī	形	wet
12. 要是	yàoshi	连	if
13. 怎么办	zěnme bàn		how to do

14. 放心	fàng xīn		be at ease
15. 换	huàn	动	change
16. 等	děng	动	wait
17. 出汗	chū hàn		sweat
18. 汗	hàn	名	sweat

词语练习 Word Exercises

一、读下面的短语，注意量词

Read the following phrases, and pay attention to the measure words

一个房间

一部空调

一件衣服

二、在括号中填上学过的词语

Fill in the blanks with the learned words

开（　　）　修（　　）　换（　　）　出(　　)

衣服（　　）　房间（　　）　别（　　）

Text **课 文**

(一)

(大卫房间的空调坏了，他去找服务员)

大　卫： 服务员，我房间的空调坏了。

服务员： 怎么啦？

大　卫： 空调开了半天，房间里还不凉快。

服务员： 什么时候坏的？

大　卫： 昨天晚上还没有问题。

服务员： 别着急，我打电话让人来修一下。

大　卫： 什么时候能修好？天气这么热，没有空调可不行。你看，我的衣服都湿了！

服务员： 要是没有大问题，空调很快就能修好。

大　卫： 要是修不好，怎么办？天气这么热，晚上怎么睡觉？

服务员： 你放心，修不好，给你换一个房间。

大　卫： 好吧。

服务员： 你在房间等等，我现在就打电话。

大　卫： 麻烦你了！

(Dàwèi fángjiān de kōngtiáo huài le, tā qù zhǎo fúwùyuán)

Dàwèi: Fúwùyuán, wǒ fángjiān de kōngtiáo huài le.

Fúwùyuán: Zěnme la?

Dàwèi: Kōngtiáo kāile bàntiān, fángjiān li hái bù liángkuai.
Fúwùyuán: Shénme shíhou huài de?
Dàwèi: Zuótiān wǎnshang hái méiyǒu wèntí.
Fúwùyuán: Bié zháo jí, wǒ dǎ diànhuà ràng rén lái xiū yíxià.
Dàwèi: Shénme shíhou néng xiūhǎo? Tiānqì zhème rè, méiyǒu kōngtiáo kě bù xíng. Nǐ kàn, wǒ de yīfu dōu shī le!
Fúwùyuán: Yàoshi méiyǒu dà wèntí, hěn kuài jiù néng xiūhǎo.
Dàwèi: Yàoshi xiūbuhǎo, zěnme bàn? Tiānqì zhème rè, wǎnshang zěnme shuì jiào?
Fúwùyuán: Nǐ fàng xīn, xiūbuhǎo, gěi nǐ huàn yí ge fángjiān.
Dàwèi: Hǎo ba.
Fúwùyuán: Nǐ zài fángjiān děngdeng, wǒ xiànzài jiù dǎ diànhuà.
Dàwèi: Máfan nǐ le!

（二）

今天，大卫房间的空调坏了。天气非常热，大卫出了很多汗，他的衣服都湿了。大卫告诉服务员，他房间的空调坏了。服务员让大卫别着急，她找人帮大卫修一下。要是问题不大，空调很快就可以修好，如果修不好，就给他换一个房间。

Jīntiān, Dàwèi fángjiān de kōngtiáo huài le. Tiānqì fēicháng rè, Dàwèi chūle hěn duō hàn, tā de yīfu dōu shī le. Dàwèi gàosu fúwùyuán, tā fángjiān de kōngtiáo huài le. Fúwùyuán ràng Dàwèi bié zháo jí, tā zhǎo rén bāng Dàwèi xiū yíxià. Yàoshi wèntí bú dà, hěn kuài jiù kěyǐ xiūhǎo, rúguǒ xiūbuhǎo, jiù gěi tā huàn yí ge fángjiān.

Text Exercises 课文练习

根据课文回答问题 Answer the questions according to the text

1. 大卫为什么找服务员？
2. 大卫的衣服怎么了？为什么？
3. 今天的天气怎么样？
4. 空调能很快修好吗？
5. 空调如果修不好，怎么办？

Language Points 语言点

一、空调开了半天

■ "动词＋数词＋量词＋（名词）"中的"数词＋量词"表示行为动作持续的时间或动作结束到说话时的时间。如：
The " numeral+measure word" in the structure " verb+numeral+measure word+(noun)" specifys how long an action lasts or the period from the time the action ended to a certain time. For example:

(1) 我们学了一年汉语。
(2) 昨天晚上他睡了八个小时。
(3) 我毕业（bì yè，graduate）两年了。

◆ 用"动词+数词+量词+（名词）"完成对话
Complete the dialogues with the "verb+numeral+measure word+(noun)"

(1) A：你学了多长时间汉语？
B：____________________

(2) A：今天你为什么这么累？
B：______________________
(3) A：上个星期下了几天雨？
B：______________________
(4) A：这一课学了几个小时了？
B：______________________
(5) A：空调坏了几天了？
B：______________________
(6) A：你什么时候毕业的？
B：______________________

二、要是没有大问题，空调很快就能修好

■ “要是”表示假设，经常和“就”搭配使用，组成“要是……，（就）……”这样的复句。“要是”可以出现在主语前，也可以出现在主语后；“就”只能出现在主语后。如：

“要是” indicates assumption, which is often used together with “就”, forming a compound sentence “要是……，（就）……”. “要是” can be used either before the subject or behind the subject, while “就” must be used behind the subject. For example:

(1) 要是明天不下雨，我们就去长城。
(2) 要是有事，你就请假。
(3) 你要是看不懂，我的语伴就帮你看看。

1. 用“要是……”或“就……”完成句子

Complete the sentences with “要是……” or “就……”

(1) 要是便宜，______________________。
(2) 你要是去，______________________。
(3) 明天要是下雨，______________________。

(4) ________________________，就一定能考好。

(5) ____________________，就给我发（fā, send）短信。

(6) ________________________，你就告诉服务员。

2. 用“要是……，就……”完成对话

Complete the dialogues with “要是……，就……”

(1) A：明天去长城吗？

B：________________________

(2) A：你买这件衣服吗？

B：________________________

(3) A：学习的时候有问题怎么办？

B：________________________

(4) A：________________________

B：你走吧。

(5) A：________________________？

B：当然可以。

(6) A：________________________

B：你的电话号码是多少？

Comprehensive Exercises

综合练习

一、在括号中填上恰当的词语

Fill in the blanks with the proper words

坏	湿	放心	凉快	着急

1. 教室里有空调，非常（　　　）。
2. 我的电视机（　　　）了。

3. 到中国以后没有给妈妈打电话，妈妈非常（　　　）。
4.（　　　），不会有什么事的。
5. 下雨了，我没带伞（sǎn，umbrella），衣服都（　　　）了。

二、说一说 Talk about

你住饭店的时候遇到的不愉快的事。

三、写汉字 Write the Chinese characters

第四课　肚子有点儿不舒服

Lesson 4　My belly is uncomfortable

Warming-up Exercises　课前热身

1. 你经常去饭馆吃饭吗？
2. 如果不舒服，你怎么办？
3. 你在中国看过大夫吗？

Words & Phrases　词　语

1. 肚子	dùzi	名	belly
2. 有点儿	yǒudiǎnr	副	somewhat; a bit
3. 舒服	shūfu	形	comfortable
4. 饭馆	fànguǎn	名	restaurant
5. 半夜	bànyè	名	mid-night
6. 开始	kāishǐ	动	begin; start
7. 拉肚子	lā dùzi		have loose bowels
8. 大夫	dàifu	名	doctor
9. 一点儿	yìdiǎnr	数量	a bit; a little
10. 带	dài	动	bring
11. 药	yào	名	medicine
12. 疼	téng	形	painful; sore
13. 应该	yīnggāi	助动	should

14. 医院	yīyuàn	名	hospital
15. 听写	tīngxiě	名	dictation
16. 请假	qǐng jià		ask for a leave
17. 病	bìng	名	illness
18. 补	bǔ	动	make up for
19. 所以	suǒyǐ	连	so
20. 开	kāi	动	write out
21. 按时	ànshí	副	on time

词语练习 Word Exercises

一、读下面的短语 Read the following phrases

肚子疼　　东西不新鲜　　拉肚子　　开药

应该请假　　去医院　　按时吃药　　多休息

二、在括号中填上适当的量词

Fill in the blanks with proper measure words

一（　　）大夫　　一（　　）医院　　一（　　）药

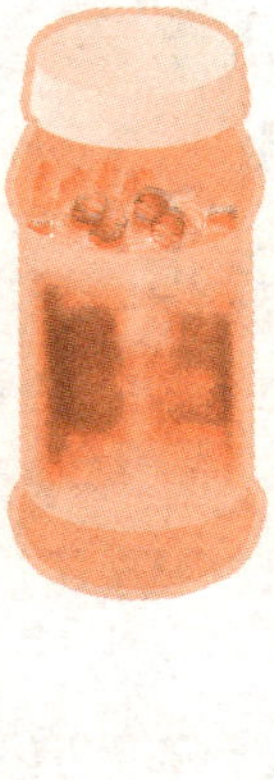

Text 课文

(一)

李老师：大卫，你怎么啦？
大　卫：肚子有点儿不舒服。
李老师：是不是吃了不新鲜的东西？
大　卫：昨天晚上我和语伴一起去饭馆吃饭，半夜就开始拉肚子。
李老师：那你是吃了不新鲜的东西。看大夫了吗？
大　卫：没有。我吃了一点儿自己带来的药，现在好一点儿了。
李老师：肚子疼吗？
大　卫：有点儿疼。
李老师：你应该去医院。
大　卫：今天有听写，可以请假吗？
李老师：可以，你现在就去吧。
大　卫：听写怎么办？
李老师：你的病好了以后，我给你补。
大　卫：谢谢老师。

Lǐ lǎoshī: Dàwèi, nǐ zěnme la?
Dàwèi: Dùzi yǒudiǎnr bù shūfu.
Lǐ lǎoshī: Shì bu shì chīle bù xīnxiān de dōngxi?
Dàwèi: Zuótiān wǎnshang wǒ hé yǔbàn yìqǐ qù fànguǎn chī fàn, bànyè jiù kāishǐ lā dùzi.
Lǐ lǎoshī: Nà nǐ shì chīle bù xīnxiān de dōngxi. Kàn dàifu le ma?
Dàwèi: Méiyǒu. Wǒ chīle yìdiǎnr zìjǐ dàilai de yào, xiànzài hǎo yìdiǎnr le.
Lǐ lǎoshī: Dùzi téng ma?
Dàwèi: Yǒudiǎnr téng.
Lǐ lǎoshī: Nǐ yīnggāi qù yīyuàn.
Dàwèi: Jīntiān yǒu tīngxiě, kěyǐ qǐng jià ma?
Lǐ lǎoshī: Kěyǐ, nǐ xiànzài jiù qù ba.
Dàwèi: Tīngxiě zěnme bàn?
Lǐ lǎoshī: Nǐ de bìng hǎole yǐhòu, wǒ gěi nǐ bǔ.
Dàwèi: Xièxie lǎoshī.

（二）

大卫昨天和语伴一起去饭馆吃饭，半夜就开始拉肚子。第二天上课的时候，李老师让大卫去医院看大夫。大卫请了假，就去医院了。大夫说，大卫吃了不新鲜的东西，所以拉肚子。大夫给大卫开了一些药，让他按时吃药，多喝水，多休息。

Dàwèi zuótiān hé yǔbàn yìqǐ qù fànguǎn chī fàn, bànyè jiù kāishǐ lā dùzi. Dì èr tiān shàng kè de shíhou, Lǐ lǎoshī ràng Dàwèi qù yīyuàn kàn dàifu. Dàwèi qǐngle jià, jiù qù yīyuàn le. Dàifu shuō, Dàwèi chīle bù xīnxiān de dōngxi, suǒyǐ lā dùzi.

Dàifu gěi Dàwèi kāile yìxiē yào，ràng tā ànshí chī yào，duō hē shuǐ，duō xiūxi.

Text Exercises

课文练习

根据课文回答问题 Answer the questions according to the text

1. 大卫怎么了？
2. 大卫为什么拉肚子？
3. 大卫什么时候开始拉肚子？
4. 大卫去医院了，听写怎么办？
5. 大夫让大卫做什么？

Language Points

语言点

一、肚子有点儿不舒服

■ "有点儿＋形容词"表示程度不高。一般用于陈述，表示对客观事物的评价，其中的"形容词"为消极意义的。如：
"有点儿 +adjective" indicates the degree of the situation is not high, in which the adjective has negative meaning. This pattern is often used in the declarative sentences, expressing the comments on the objective things. For example:

(1) 我的头有点儿疼。
(2) 今天有点儿热。
(3) 大卫有点儿不舒服。

1. 看图，用“有点儿”说话

Look at the pictures and talk about it with “有点儿”

(1)

(2)

(3)

(4)

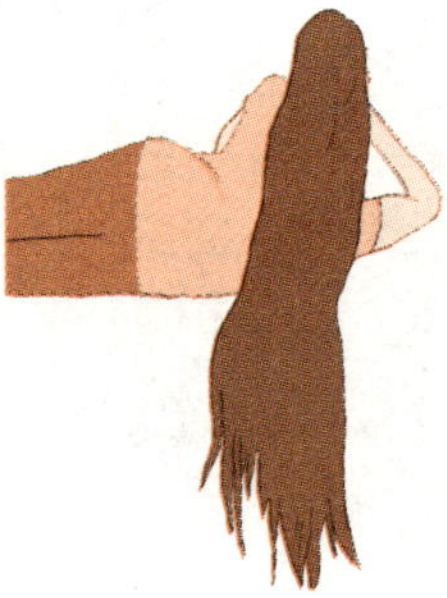

(5)

2. 用“有点儿”完成对话

Complete the dialogues with “有点儿”

(1) A：房间里热吗？

B：________________________________

(2) A：这支（zhī，measure word）笔多少钱？

B：80块钱。

A：________________________________

(3) A：这件衣服可以吗？

B：________________________________

(4) A：今天作业多吗？

B：____________________________，晚上不能看电视了。

(5) A：你会写“赢”（yíng，win）吗？

B：________________________________，我不会写。

(6) A：你今天怎么了？

B：________________________________

二、现在好一点儿了

■ "形容词 + 一点儿"一般用于陈述句、祈使句、疑问句或比较句中，其中的"形容词"可以是积极方面的，也可以是消极方面的，口语中"一"经常省略。另外，"一点儿"还可以出现在动词后面或名词前面。如：

"Adjective+一点儿" is often used in the declarative sentences, imperative sentences, interrogative sentences or comparative sentences, in which the adjective can be not only positive, but also negative, and the word "一" may be omitted always. In addition, besides the adjectives, "一点儿" may also be used behind the verbs or before the nouns. For example:

(1) 吃了药，肚子好一点儿了。

(2) 一百块，太贵了，便宜一点儿吧！

(3) 师傅（shīfu，master），能不能快点儿？

(4) 我觉得哥哥比弟弟矮（ǎi，short）一点儿。

(5) 来一点儿花生，大家一起吃。

(4) 我想去商店买点儿东西。

1. 读下面的短语 Read the following phrases

长一点儿	大一点儿	便宜一点儿	好一点儿
快一点儿	好吃一点儿	高一点儿	慢一点儿

2. 用"一点儿"完成对话

Complete the dialogues with "一点儿"

(1) A：老师，您说得太快，________________________？

B：当然可以。

(2) A：这件衣服太贵了，________________________！

B：八十吧。

(3) A：这双鞋有点儿小，____________________？
B：没有。

(4) A：大卫的病怎么样了？
B：____________________

(5) A：快八点了，____________________。
B：好的。

(6) A：饺子和包子一样好吃吗？
B：____________________

综合练习 Comprehensive Exercises

一、用“有点儿＋形容词”或“形容词＋一点儿”填空

Fill in the blanks with the “有点儿 +adjective” or “adjective+一点儿”

1. 昨天____________________。
2. 这个教室比那个____________________，在这个教室吧。
3. 这儿的东西____________________，咱们在这儿买吧。
4. 那个菜____________________，不好吃。
5. 您说话太慢，____________________，好吗？
6. 老师，这次考试____________________，下次能不能____________________？

二、看图用“有点儿＋形容词”挑毛病，并用“形容词＋一点儿”提出要求，一个同学说，一个同学画

Look at the photo. One student find out what is not good and speak out with “有点儿 +adjective”, then gives some suggestions with “adjective+一点儿”. Another one corrects on the photo at the same time

三、写汉字 Write the Chinese characters

肚	舒	鲜
半	夜	药
疼	医	假

第五课　我想锻炼锻炼

Lesson 5　I want to take physical exercise

课前热身 Warming-up Exercises

1. 你锻炼吗？
2. 你去过健身房吗？
3. 你会打太极拳吗？
4. 你喜欢什么体育运动？

词　语 Words & Phrases

1. 健身房	jiànshēnfáng	名	gym
2. 健身	jiànshēn	动	do fitness
3. 身体	shēntǐ	名	body
4. 南门	nánmén	名	south gate
5. 对面	duìmiàn	名	opposite
6. 家	jiā	量	measure word（used to count the number of families and enterprises）
7. 挺……的	tǐng ……de		rather; quite
8. 一起	yìqǐ	副	together
9. 太极拳	tàijíquán	名	shadow boxing
10. 真的	zhēn de		really
11. 湖	hú	名	lake

12. 边	biān	名	side
13. 怕	pà	动	be afraid of
14. 起来	qǐ lái		get up
15. 试	shì	动	try
16. 不见不散	bú jiàn bú sàn		not to leave without seeing the other
17. 附近	fùjìn	名	nearby
18. 第（二）	dì（èr）	头	prefix for ordinal numbers

词语练习 Word Exercises

一、读下面的短语 Read the following phrases

锻炼身体　　去健身房　　打太极拳　　怕起不来

二、用上面的短语填空 Fill in the blanks with the phrases above

1. 大卫喜欢（　　　　）锻炼身体。
2. 山本喜欢在湖边（　　　　）。
3. 六点起床，我（　　　　）。
4. 他经常（　　　　）。

课文 Text

(一)

(小明在大卫的房间给大卫辅导，休息的时候，大卫向小明打听健身房的情况)

大　卫：小明，你知道哪儿有健身房吗？

王小明：你要健身吗？

大　卫：最近身体不太好，我想锻炼锻炼。

王小明：学校南门对面有一家。

大　卫：你去过吗？

王小明：跟朋友去过几次。

大　卫：那儿怎么样？

王小明：条件挺好的，什么都有，价钱也不贵，人也不太多。

大　卫：咱们一起去锻炼，怎么样？

王小明：我不太喜欢去健身房，我喜欢打太极拳。

大　卫：你会打太极拳？真的吗？听说太极拳很有意思，你能教教我吗？

王小明：可以呀。我每天早上6点半都在湖边打太极拳，明天你去找我吧。

大　卫：六点半？太早了。我怕起不来。

王小明：不早，你试试吧。

大　卫：好吧！不见不散！

王小明：不见不散！

(Xiǎomíng zài Dàwèi de fángjiān gěi Dàwèi fǔdǎo, xiūxi de shíhou, Dàwèi xiàng Xiǎomíng dǎting jiànshēnfáng de qíngkuàng)

Dàwèi: Xiǎomíng, nǐ zhīdao nǎr yǒu jiànshēnfáng ma?

Wáng Xiǎomíng: Nǐ yào jiànshēn ma?

Dàwèi: Zuìjìn shēntǐ bú tài hǎo, wǒ xiǎng duànliàn duànliàn.

Wáng Xiǎomíng: Xuéxiào nánmén duìmiàn yǒu yì jiā.

Dàwèi: Nǐ qùguo ma?

Wáng Xiǎomíng: Gēn péngyou qùguo jǐ cì.

Dàwèi: Nàr zěnmeyàng?

Wáng Xiǎomíng: Tiáojiàn tǐng hǎo de, shénme dōu yǒu, jiàqian yě bú guì, rén yě bú tài duō.

Dàwèi: Zánmen yìqǐ qù duànliàn, zěnme yàng?

Wáng Xiǎomíng: Wǒ bú tài xǐhuan qù jiànshēnfáng, wǒ xǐhuan dǎ tàijíquán.

Dàwèi: Nǐ huì dǎ tàijíquán? Zhēn de ma? Tīngshuō tàijíquán hěn yǒu yìsi, nǐ néng jiāojiao wǒ ma?

Wáng Xiǎomíng: Kěyǐ ya. Wǒ měi tiān zǎoshang liù diǎn bàn dōu zài hú biān dǎ tàijíquán, míngtiān nǐ qù zhǎo wǒ ba.

Dàwèi: Liù diǎn bàn? Tài zǎo le. Wǒ pà qǐbulái.

Wáng Xiǎomíng: Bù zǎo, nǐ shìshi ba.

Dàwèi: Hǎo ba! Bú jiàn bú sàn!

Wáng Xiǎomíng: Bú jiàn Bú sàn!

(二)

大卫最近身体不太好，他想去健身房锻炼身体。王小明告诉大卫，学校南门附近有一家健身房，那儿条件不错，价钱也不贵。

王小明会太极拳，他每天都在湖边打太极拳。大卫想学太极拳，王小明让大卫第二天去湖边找他，他可以教大卫打太极拳。

Dàwèi zuìjìn shēntǐ bú tài hǎo, tā xiǎng qù jiànshēnfáng duànliàn shēntǐ. Wáng Xiǎomíng gàosu Dàwèi, xuéxiào nánmén fùjìn yǒu yì jiā jiànshēnfáng, nàr tiáojiàn búcuò, jiàqian yě bú guì.

Wáng Xiǎomíng huì tàijíquán, tā měi tiān dōu zài hú biān dǎ tàijíquán. Dàwèi xiǎng xué tàijíquán, Wáng Xiǎomíng ràng Dàwèi dì èr tiān qù hú biān zhǎo tā, tā kěyǐ jiāo Dàwèi dǎ tàijíquán.

课文练习 Text Exercises

根据课文回答问题 Answer the questions according to the text

1. 大卫为什么要去健身房？
2. 王小明去过健身房吗？
3. 那个健身房在哪儿？条件怎么样？
4. 王小明和大卫一起去健身房吗？为什么？
5. 王小明在哪儿打太极拳？

语言点 Language Points

一、挺好的。

■ "挺＋形容词＋的" 表示性质或程度比较高。如：
"挺+adjective+的" expresses that the degree of adjective is comparatively high. For example:

(1) 今天挺热的。

(2) 这个汉字挺难的。

(3) 那个商店的东西挺贵的。

1. 读下面的短语 Read the following phrases

挺舒服的	挺热的	挺湿的	挺麻烦的
挺有意思的	挺便宜的	挺凉快的	挺好的

2. 用上面的短语完成对话

Complete the dialogues with the phrases above

(1) A：你做饭吗？

B：不做饭，____________________。

(2) A：房间里热吗？

B：____________________

(3) A：____________________，你换一件吧。

B：好的。

(4) A：到广州的机票现在三折，____________________。

B：咱们一起去广州吧。

(5) A：汉语怎么样？

B：____________________

(6) A：空调开了以后，____________________。

B：很舒服。

二、什么都有

■ "什么"、"谁"、"哪儿"、"哪"等可以组成"什么（……）都……"、"谁都……"、"哪儿都……"、"哪……都……"这样的句式，表示"任何东西都……"、"任何人都……"、"任何地方都……"、"任何……都……"这样的意思。如：

"什么"、"谁"、"哪儿"、"哪" can be used together with "都" respectively, forming a sentence "什么（……）都……", "谁都……", "哪儿都……" and "哪……都……". These sentences indicate there is no exception. For example:

（1）A：你吃什么？
　　B：什么都可以。
（2）A：谁可以去？
　　B：谁都可以。
（3）A：这些地方，我们去哪儿？
　　B：哪儿都行。
（4）A：那两本书，哪本书有意思？
　　B：哪本都挺有意思的。

◆ 用"什么"、"谁"、"哪儿"、"哪"完成对话

Complete the dialogue with "什么", "谁", "哪儿" or "哪"

（1）A：明天我们去哪儿？
　　B：________________
（2）A：你喜欢吃什么？
　　B：________________
（3）A：这两件衣服，你要哪件？
　　B：________________
（4）A：考试的时候可以看书吗？
　　B：________________
（5）A：你们看见大卫了吗？
　　B：________________
（6）A：你买什么？
　　B：________________，我只是看看。

Comprehensive Exercises 综合练习

一、看图用“挺＋形容词＋的”说话

Look at the pictures, and talk with “挺 +adjective+ 的”

1.

2.

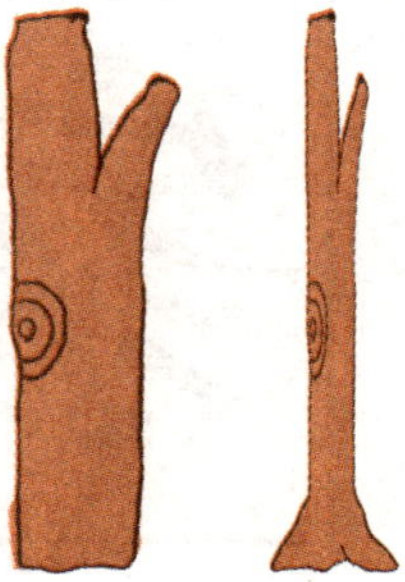

3.

4.

5.

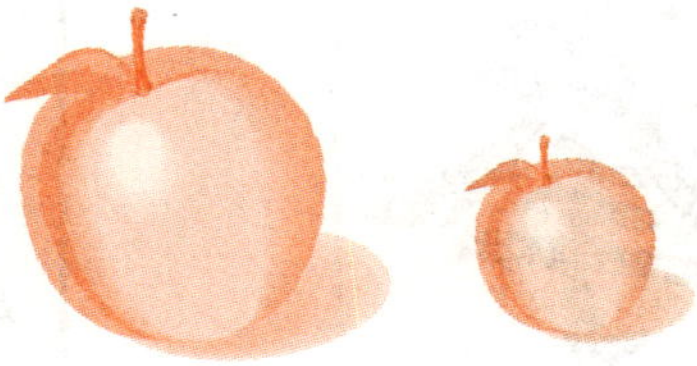

二、用下列词语说说你的锻炼情况

Talk about your physical exercise with the following words

喜欢　锻炼　挺……的　有意思　打　听说

三、写汉字 Write the Chinese characters

知　健　锻

炼　家　挺

拳　所

第六课　一起去喝茶吧！
Lesson 6　Let's go to have some tea!

课前热身 Warming-up Exercises

1. 你喜欢喝茶吗？
2. 你喜欢去哪儿喝茶？ 为什么？
3. 你去过茶吧吗？
4. 你的国家有茶吧吗？

词语 Words & Phrases

1. 茶	chá	名	tea
2. 茶吧	chábā	名	tea-bar
3. 环境	huánjìng	名	environment
4. 好喝	hǎohē	形	easy to drink
5. 而且	érqiě	连	in addition
6. 机会	jīhuì	名	chance; opportunity
7. 热情	rèqíng	形	warm; enthusiastic
8. 怪不得	guàibude	副	no wonder
9. 早点儿	zǎodiǎnr		earlier
10. 以为	yǐwéi	动	think; consider
11. 爱	ài	动	love; like
12. 行	xíng	形	ok
13. 见面	jiàn miàn		meet

14. 然后	ránhòu	连	then
15. 着	zhe	助	aspect marker attaching to a verb indicating the continuation of an action or state
16. 决定	juédìng	动	decide

专有名词 Proper noun

山本	Shānběn		surname of a Japanese

词语练习 Word Exercises

一、读下面的词语 Read the following words

好喝　　好吃　　好看　　好听　　好写　　好记

难喝　　难吃　　难看　　难听　　难写　　难记

二、在括号中填上适当的词语 Fill in the blanks with proper words

茶（　　　）　　茶吧（　　　）　　机会（　　　）

环境（　　　）　　发音（　　　）　　进步（　　　）

课文 Text

（一）

（下课以后）

山　本：大卫，今天晚上你有空儿吗？

大　卫：有空儿，你有什么事？

山　本：一起去喝茶吧！

大　卫：好啊！去哪儿？
山　本：学校附近有一个茶吧，环境很好，茶非常好喝，而且不太贵。
大　卫：是吗？那儿练习汉语的机会多吗？
山　本：多呀。那儿的服务员特别热情，当然也非常漂亮。我经常边喝茶，边跟她们聊天。她们还经常帮助我练习发音。
大　卫：怪不得你的发音进步这么大呢！你为什么不早点儿告诉我呀？
山　本：我以为你不爱喝茶呢！
大　卫：我特别爱喝茶。咱们几点去？
山　本：七点怎么样？
大　卫：行。在哪儿见面？
山　本：我去你的房间，然后我们一起去。
大　卫：我等着你！
山　本：七点见！
大　卫：好，不见不散！

(Xià kè yǐhòu)

Shānběn：Dàwèi，jīntiān wǎnshang nǐ yǒu kòngr ma？
Dàwèi：Yǒu kòngr，nǐ yǒu shénme shì？
Shānběn：Yìqǐ qù hē chá ba！
Dàwèi：Hǎo a！Qù nǎr？

Shānběn：Xuéxiào fùjìn yǒu yí ge chábā，huánjìng hěn hǎo，chá fēicháng hǎohē，érqiě bú tài guì.

Dàwèi：Shì ma？Nàr liànxí Hànyǔ de jīhuì duō ma？

Shānběn：Duō ya. Nàr de fúwùyuán tèbié rèqíng，dāngrán yě fēicháng piàoliang. Wǒ jīngcháng biān hē chá，biān gēn tāmen liáo tiān. Tāmen hái jīngcháng bāngzhù wǒ liànxí fāyīn.

Dàwèi：Guàibude nǐ de fāyīn jìnbù zhème dà ne！Nǐ wèi shénme bù zǎodiǎnr gàosu wǒ ya？

Shānběn：Wǒ yǐwéi nǐ bú ài hē chá ne！

Dàwèi：Wǒ tèbié ài hē chá. Zánmen jǐ diǎn qù？

Shānběn：Qī diǎn zěnmeyàng？

Dàwèi：Xíng. Zài nǎr jiàn miàn？

Shānběn：Wǒ qù nǐ de fángjiān，ránhòu wǒmen yìqǐ qù.

Dàwèi：Wǒ děngzhe nǐ！

Shānběn：Qī diǎn jiàn！

Dàwèi：Hǎo，bú jiàn bú sàn！

（二）

学校附近有一家茶吧。那儿的环境特别好，服务员非常热情。山本经常去那儿，一边喝茶一边跟服务员聊天，所以他的汉语进步比较大。

大卫也喜欢喝茶，他听说这家茶吧非常好，有很多练习汉语的机会，所以决定和山本一起去。

Xuéxiào fùjìn yǒu yì jiā chábā. Nàr de huánjìng tèbié hǎo，fúwùyuán fēicháng rèqíng. Shānběn jīngcháng qù nàr，yìbiān hē chá yìbiān gēn fúwùyuán liáo tiān，suǒyǐ tā de Hànyǔ jìnbù bǐjiào dà.

Dàwèi yě xǐhuan hē chá, tā tīngshuō zhè jiā chábā fēicháng hǎo, yǒu hěn duō liànxí Hànyǔ de jīhuì, suǒyǐ juédìng hé Shānběn yìqǐ qù.

课文练习 Text Exercises

根据课文回答问题 Answer the questions according to the text

1. 山本有什么事？
2. 那个茶吧在哪儿？
3. 那个茶吧怎么样？
4. 山本的发音为什么进步比较大？
5. 山本为什么没有告诉大卫那个茶吧？
6. 大卫爱喝茶吗？

语言点 Language Points

一、怪不得你的发音进步这么大呢

■ “怪不得”表示明白了原因，不再觉得奇怪。如：
“怪不得” indicates that one understands the reason of something and does not feel strange any more. For example:

(1) 怪不得他的汉语那么好，原来他学过两年汉语。
(2) 下雪了，怪不得这么冷！
(3) 他没复习，怪不得没考好！

◆ **用“怪不得”完成对话**

Complete the dialogues with “怪不得”

(1) A：大卫拉肚子，你知道吗？

B：________________________

(2) A：他是中国人。

B：________________________

(3) A：今天星期六。

B：________________________

(4) A：这个汉字我们没有学过。

B：________________________

(5) A：我房间里的空调坏了。

B：____________________，咱们去我的房间吧。

(6) A：山本去过那个茶吧。

B：________________________

二、我等着你

■ “着”放在动词后，表示动作在某特定时间内还在进行或处于某种状态，或某种状态在持续。例如：

When added to a verb, “着” indicates that an action is in progress or in a certain state during a certain time, or a certain state continues. For example:

(1) 你在这儿等着。

(2) 老师拿着一本书。

(3) 房间里开着空调，很凉快。

1. 用“动词+着”完成句子

Complete the sentences with “verb+着”

(1) ____________________，非常漂亮。

(2) ______________，很凉快。

(3) 上课的时候，______________。

(4) ______________，咱们进去吧。

(5) 你睡觉了，______________？

(6) 山本一边喝着茶，______________。

2. 看图用"动词+着"说话

Look at the pictures and talk about them with "verb+着"

(1) 

(2) 

(3) 

(4) 

(5) 

Comprehensive Exercises 综合练习

一、在括号中填上恰当的词语

Fill in the blanks with the proper words

环境	热情	机会	发音	进步	见面

1. 这儿的学习（　　　）不错。
2. 我们的（　　　）不太好。

3. 中国人都很（　　　　）。
4. 我明天就和语伴（　　　　　）。
5. 在中国练习汉语的（　　　　）非常多。
6. 老师觉得你的口语（　　　　）很大。

二、用下列词语介绍一个有意思的地方

Introduce a interesting place with the given words

环境　特别　热情　怪不得　决定

三、写汉字 Write the Chinese characters

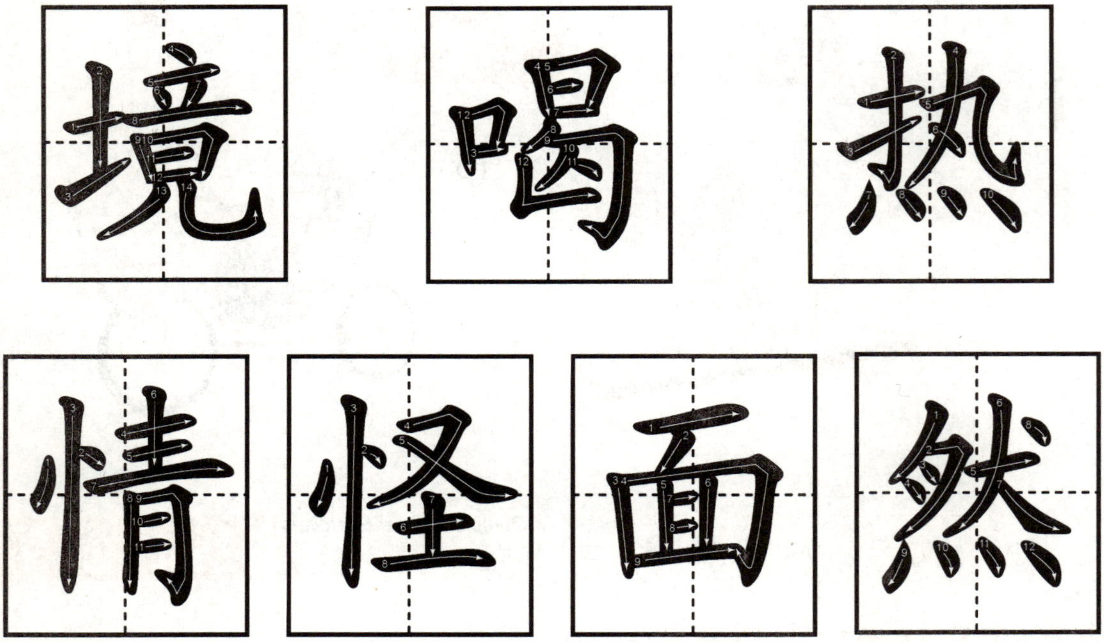

第七课　钱包丢了
Lesson 7　I lost my wallet

Warming-up Exercises 课前热身

1. 你丢过东西吗?
2. 你钱包里有什么?
3. 如果丢了钱包，怎么办?

Words & Phrases 词　语

1. 钱包	qiánbāo	名	purse; wallet
2. 丢	diū	动	lose
3. 回来	huí lái		come back
4. 可能	kěnéng	助动	maybe
5. 但是	dànshì	连	but
6. 身份证	shēnfènzhèng	名	ID-card
7. 学生证	xuéshēngzhèng	名	student's ID-card
8. 银行卡	yínhángkǎ	名	bank card
9. 照片	zhàopiàn	名	photo
10. 重要	zhòngyào	形	important
11. 把	bǎ	介	used before the verb to indicate how a thing or person disposed of
12. 弄	nòng	动	do; make

13. 捡	jiǎn	动	pick up
14. 取	qǔ	动	get; fetch
15. 感谢	gǎnxiè	动	thank
16. 一会儿	yíhuìr	数量	a little while
17. 寻物启事	xún wù qǐshì		the notice of looking for something
18. 电子辞典	diànzǐ cídiǎn		electronic dictionary
19. 落	là	动	leave; forget to bring
20. 教室	jiàoshì	名	classroom
21. 礼物	lǐwù	名	gift; present
22. 捡到者	jiǎndàozhě	名	picker

词语练习 Word Exercises

一、读下面的短语，注意量词

Read the following phrases and pay attention to the measure words

一个钱包　　一张身份证　　一个学生证

一本护照（hùzhào，passport）

一张银行卡　一个电子辞典　一件礼物

二、用上面的短语回答问题

Answer the questions with the phrases above

1. 你有身份证吗？
2. 你有学生证吗？
3. 你钱包里有几张银行卡？
4. 你收到过礼物吗？
5. 你有电子辞典吗？

课文 Text

（一）

（山本看见大卫在找东西）

山　本：大卫，你在找什么呢？

大　卫：我的钱包找不到了。

山　本：你知道在哪儿丢的吗？

大　卫：不知道。昨天晚上咱们一起去茶吧喝茶，回来以后我就睡觉了，今天早上就找不到了。

山　本：是不是丢在茶吧了？

大　卫：可能。

山　本：钱包里的钱多吗？

大　卫：钱不多，但是有身份证、学生证和两张银行卡，还有我女朋友的照片，都是很重要的东西。

山　本：别着急！咱们打电话问问茶吧吧！

（山本打电话）

山　本：喂，你好！昨天晚上我和朋友去你们那儿喝茶，朋友把钱包弄丢了，你们捡到了吗？

服务员：我们捡到一个钱包，不知道是不是你朋友的。他丢的钱包里有什么东西？

山　本：有身份证、学生证和两张银行卡，还有一张漂亮女孩子的照片。

服务员：学生证上的名字是什么？
山　本：大卫。
服务员：对，是你朋友的钱包，你们来取吧。
山　本：非常感谢！我们一会儿就过去。

（打完电话以后）
山　本：大卫，别找了，你的钱包丢在茶吧了，我们一起去取吧！
大　卫：太好了！走吧！今天我请你喝茶。

(Shānběn kànjiàn Dàwèi zài zhǎo dōngxi)
Shānběn: Dàwèi, nǐ zài zhǎo shénme ne?
Dàwèi: Wǒ de qiánbāo zhǎobudào le.
Shānběn: Nǐ zhīdao zài nǎr diū de ma?
Dàwèi: Bù zhīdào. Zuótiān wǎnshang zánmen yìqǐ qù chábā hē chá, huílai yǐhòu wǒ jiù shuì jiào le, jīntiān zǎoshang jiù zhǎobudào le.
Shānběn: Shì bu shì diū zài chábā le?
Dàwèi: Kěnéng.
Shānběn: Qiánbāo li de qián duō ma?
Dàwèi: Qián bù duō, dànshì yǒu shēnfènzhèng、xuéshēngzhèng hé liǎng zhāng yínhángkǎ, hái yǒu wǒ nǚpéngyou de zhàopiàn, dōu shì hěn zhòngyào de dōngxi.
Shānběn: Bié zháo jí! Zánmen dǎ diànhuà wènwen chábā ba!

(Shānběn dǎ diànhuà)

Shānběn: Wèi, nǐ hǎo! Zuótiān wǎnshang wǒ hé péngyou qù nǐmen nàr hē chá, péngyou bǎ qiánbāo nòngdiū le, nǐmen jiǎndào le ma?

Fúwùyuán: Wǒmen jiǎndào yí ge qiánbāo, bù zhīdào shì bu shì nǐ péngyou de. Tā diū de qiánbāo li yǒu shénme dōngxi?

Shānběn: Yǒu shēnfènzhèng、xuéshēngzhèng hé liǎng zhāng yínhángkǎ, hái yǒu yì zhāng piàoliang nǚháizi de zhàopiàn.

Fúwùyuán: Xuéshēngzhèng shang de míngzi shì shénme?

Shānběn: Dàwèi.

Fúwùyuán: Duì, shì nǐ péngyou de qiánbāo, nǐmen lái qǔ ba.

Shānběn: Fēicháng gǎnxiè! Wǒmen yíhuìr jiù guòqu.

(Dǎwán diànhuà yǐhòu)

Shānběn: Dàwèi, bié zhǎo le, nǐ de qiánbāo diū zài chábā le, wǒmen yìqǐ qù qǔ ba!

Dàwèi: Tài hǎo le! Zǒu ba! Jīntiān wǒ qǐng nǐ hē chá.

(二)

寻物启事

昨天下午我把 Casio 电子辞典落在教室里了。这个辞典是我女朋友送给我的礼物，对我来说非常重要。捡到者请打手机13598888888，非常感谢！

山 本

8月1日

Xún Wù Qǐshì

Zuótiān xiàwǔ wǒ bǎ Casio diànzǐ cídiǎn là zài jiàoshì li le. Zhè ge cídiǎn shì wǒ nǚpéngyou sòng gěi wǒ de lǐwù，duì wǒ láishuō fēicháng zhòngyào. Jiǎndàozhě qǐng dǎ shǒujī yāo sān wǔ jiǔ bā bā bā bā bā bā bā，fēicháng gǎnxiè!

Shānběn

Bāyuè yī rì

课文练习 Text Exercises

根据课文回答问题 Answer the questions according to the text

1. 大卫在找什么？
2. 大卫钱包里有什么？
3. 钱包在哪儿找到的？
4. 山本丢什么了？
5. 在哪儿丢的？
6. 丢的东西为什么很重要？

语言点 Language Points

一、你知道在哪儿丢的吗？
是不是丢在茶吧了？

"在+名词+动词"表示在某一地方发生或进行某种行为动作，"动词+在+名词"表示行为动作使得某事物最后位于某一地方。如：

"在+noun+verb" indicates location in which the action happens, "verb+在+noun" expresses that some action makes something locate somewhere. For example:

(1) 我们在教室学习。(“教室”是“学习”进行的地方)
(2) 妈妈在大学工作。(“大学”是“工作”进行的地方)
(3) 书放在桌子上。(由于“放”,“书”最后“在桌子上”)

1. 将括号中的短语放在合适的位置上

Put “在+noun” in the proper places

(1) 我们 A 吃 B 饭。 (在饭馆儿)
(2) 老师 A 上课 B。 (在教室)
(3) 山本 A 喝茶 B。 (在茶吧)
(4) 大卫和山本 A 见面 B。 (在大卫的房间)
(5) 你 A 等着我们 B。 (在这儿)
(6) 王小明 A 打太极拳 B。 (在湖边)

2. 用“在+名词”完成对话

Complete the dialogues with “在+noun”

(1) A:你住在哪儿?
B:________________
(2) A:你在哪儿吃午饭?
B:________________
(3) A:明天我去哪儿找你?
B:________________
(4) A:你在哪儿学习汉语?
B:________________
(5) A:大卫的钱包呢?
B:________________
(6) A:你看见我的书了吗?
B:________________

二、朋友把钱包弄丢了

"主语 + 把 + 宾语 + 动词 +……" 表示通过某种动作使宾语（名词 / 代词）发生某种变化，这种句子中的宾语是已知的，动词必须是及物动词，而且要带补语、动态助词等。如：
The "把" sentence indicates that an action is applied to somebody or something with the emphasis that the action will bring about a result or influence. The object noun or pronoun of "把" is definite, and the verb is transitive. The verb predicate of "把" sentence is usually followed by some other elements, such as compliments, verbal anxiliary word. For example:

（1）他把我的书弄丢了。
（2）老师把门关上了。
（3）请把空调打开。

"主语 + 把 + 宾语 + 动词 +……" 的否定形式是 "主语 + 没 / 别 + 把 + 宾语 + 动词 +……"。如：
The negative form of "subject+把+object+verb+……" is "subject+没 / 别 + 把 + object+verb+……". For example:

（1）他没把我的书弄丢。
（2）老师没把门关上。
（3）别把空调打开。

1. 替换练习 Substitute

弟弟把空调修好了。

钱包	弄丢
作业	做完
书	放在桌子上
电子辞典	落在教室
照相机（zhàoxiàngjī，camera）	弄坏
茶	喝完

2. 把下面的句子变成否定句

Change the sentences into the negative form

(1) 我把作业做完了。

(2) 他们把茶喝完了。

(3) 大卫把钱包弄丢了。

(4) 昨天我们把钱花完了。

(5) 弟弟把衣服弄湿了。

(6) 你把衣服放在这儿！

3. 用“主语+把+宾语+动词+……”或“主语+没/别+把+宾语+动词+……”完成对话

Complete the dialogues with “subject + 把 + object + verb + ……” or “subject + 没/别 + 把 + object + verb + ……”

(1) A：你的作业呢？

B：______________________________

(2) A：空调修好了吗？

B：______________________________

(3) A：你的电子辞典呢？

B：______________________________

(4) A：还有饺子吗？
B：没有了，______________________

(5) A：大卫的钱包在哪儿？
B：______________________

(6) A：教室里太热，______________________？
B：当然可以。

综合练习 Comprehensive Exercises

一、在括号中填上恰当的词语
Fill in the blanks with the proper words

丢	捡	取	落	重要	着急

(1) 别（　　　），再找找！
(2) 昨天我（　　　）到一个电子辞典。
(3) 我去银行（　　　）钱。
(4) 这次考试很（　　　），不能不去。
(5) 山本的辞典（　　　）在茶吧了。
(6) 弟弟把钱包（　　　）了。

二、用下列词语写一个寻物启事
Write a Notice of Lost with the given words

落　把　对……来说　重要　捡到者　感谢

三、写汉字 Write the Chinese characters

包	丢	证
卡	照	片
重	弄	取

第八课　我想去长城

Lesson 8　I want to go to the Great Wall

课前热身 Warming-up Exercises

1. 你喜欢旅游吗？
2. 你去过哪些地方？
3. 你去过长城吗？

词　语 Words & Phrases

1. 名胜古迹	míngshèng gǔjì		scenic spot and historical place
2. 自然	zìrán	名	nature
3. 风景	fēngjǐng	名	scenery; landscape
4. 山	shān	名	mountain
5. 到处	dàochù	副	everywhere
6. 树木	shùmù	名	trees
7. 花草	huācǎo	名	flower and grass
8. 美	měi	形	beautifull
9. 爬	pá	动	climb
10. 陡	dǒu	形	steep
11. 危险	wēixiǎn	形	dangerous
12. 宽	kuān	形	wide
13. 交通	jiāotōng	名	traffic
14. 大巴	dàbā	名	bus

15. 火车	huǒchē	名	train
16. 好汉	hǎohàn	名	brave man
17. 城市	chéngshì	名	city
18. 各	gè	代	each; every
19. 特点	tèdiǎn	名	characteristic
20. 不仅	bùjǐn	连	not only
21. 商场	shāngchǎng	名	market
22. 购物	gòu wù		shopping

专有名词 **Proper nouns**

1. 天坛	Tiāntán	Tiantan temple
2. 八达岭	Bādálǐng	name of a place
3. 杭州	Hángzhōu	Hangzhou

词语练习 Word Exercises

一、读下面的短语，注意量词

Read the following phrases and pay attention to the measure words

一个周末　一处名胜古迹　一座山　一辆大巴　一座城市

二、用学过的词语回答问题

Answer the questions with the learned words

1. 你们学校的环境怎么样？
2. 在中国，你去过哪些名胜古迹？
3. 你去过哪些城市？请说说它们的特点。

课文 Text

（一）

（大卫想去旅游，向王小明打听北京的名胜古迹）

大　卫：小明，这个周末我想去旅游，你能给我介绍一些地方吗？

王小明：没问题。你喜欢什么样的地方？

大　卫：我喜欢看名胜古迹，也喜欢自然风景。

王小明：北京的名胜古迹非常多，颐和园呀，故宫呀，天坛呀，都非常有名，不过最有名的是长城。

大　卫：长城离学校远吗？

王小明：北京很多地方都有长城，有的地方离学校很远，有的地方近一些。

大　卫：哪个地方的长城最有意思？

王小明：八达岭长城很长，山上到处都是树木和花草，环境特别美，可以一边爬长城，一边看风景。

大　卫：是吗？听说长城很陡，爬起来很危险吧？

王小明：八达岭长城上面很宽，也不太陡，爬起来很容易，一点儿也不危险。

大　卫：去八达岭长城交通方便吗？

王小明：非常方便，可以坐大巴，也可以坐火车，一个多小时就可以到。
大 卫：那我就去八达岭长城吧。
王小明：别的地方可以不去，长城一定要去，“不到长城非好汉”嘛！
大 卫：对，我一定要做一个好汉！

(Dàwèi xiǎng qù lǚyóu, xiàng Wáng Xiǎomíng dǎting Běijīng de míngshèng gǔjì)

Dàwèi：Xiǎomíng, zhè ge zhōumò wǒ xiǎng qù lǚyóu, nǐ néng gěi wǒ jièshào yìxiē dìfang ma?

Wáng Xiǎomíng：Méi wèntí. Nǐ xǐhuan shénmeyàng de dìfang?

Dàwèi：Wǒ xǐhuan kàn míngshèng gǔjì, yě xǐhuan zìrán fēngjǐng.

Wáng Xiǎomíng：Běijīng de míngshèng gǔjì fēicháng duō, Yíhéyuán ya, Gùgōng ya, Tiāntán ya, dōu fēicháng yǒumíng, búguò zuì yǒumíng de shì Chángchéng.

Dàwèi：Chángchéng lí xuéxiào yuǎn ma?

Wáng Xiǎomíng：Běijīng hěn duō dìfang dōu yǒu Chángchéng, yǒude dìfang lí xuéxiào hěn yuǎn, yǒu de dìfang jìn yìxiē.

Dàwèi：Nǎ ge dìfang de Chángchéng zuì yǒu yìsi?

Wáng Xiǎomíng：Bādálǐng Chángchéng hěn cháng, shān shang dàochù dōu shì shùmù hé huācǎo, huánjìng tèbié měi, kěyǐ yìbiān pá Chángchéng, yìbiān kàn fēngjǐng.

Dàwèi：Shì ma? Tīngshuō Chángchéng hěn dǒu, pá qǐlai

hěn wēixiǎn ba?

Wáng Xiǎomíng: Bādálǐng Chángchéng shàngmian hěn kuān, yě bú tài dǒu, pá qǐlai hěn róngyi, yìdiǎnr yě bù wēixiǎn.

Dàwèi: Qù Bādálǐng Chángchéng jiāotōng fāngbiàn ma?

Wáng Xiǎomíng: Fēicháng fāngbiàn, kěyǐ zuò dàbā, yě kěyǐ zuò huǒchē, yí ge duō xiǎoshí jiù kěyǐ dào.

Dàwèi: Nà wǒ jiù qù Bādálǐng Chángchéng ba.

Wáng Xiǎomíng: Bié de dìfang kěyǐ bú qù, Chángchéng yídìng yào qù, "bú dào Chángchéng fēi hǎohàn" ma!

Dàwèi: Duì, wǒ yídìng yào zuò yí ge hǎohàn!

(二)

大卫喜欢旅游，他去过北京、上海、杭州等许多有名的大城市。他觉得这些城市各有各的特点。北京到处都是名胜古迹，每天都可以去玩儿；上海不仅有很多好吃的东西，而且有很多大商场，购物很方便；杭州也有很多名胜古迹，环境也非常好，住在那里很舒服。大卫学完汉语以后，还想去别的城市看看。

Dàwèi xǐhuan lǚyóu, tā qùguo Běijīng、Shànghǎi、Hángzhōu děng xǔduō yǒumíng de dà chéngshì. Tā juéde zhèxiē chéngshì gè yǒu gè de tèdiǎn. Běijīng dàochù dōu shì míngshèng gǔjì, měi tiān dōu kěyǐ qù wánr; Shànghǎi bùjǐn yǒu hěn duō hǎochī de dōngxi, érqiě yǒu hěn duō dà shāngchǎng, gòu wù hěn fāngbiàn; Hángzhōu yě yǒu hěn duō míngshèng gǔjì, huánjìng yě fēicháng hǎo, zhùzài nàli hěn shūfu. Dàwèi xuèwán Hànyǔ yǐhòu, hái xiǎng qù bié de chéngshì kànkan.

Text Exercises 课文练习

根据课文回答问题 Answer the questions according to the text

1. 大卫喜欢什么样的地方？
2. 北京有哪些名胜古迹？最有名的是什么？
3. 长城离学校远吗？
4. 哪个地方的长城最有意思？
5. 去八达岭长城方便吗？为什么？
6. 北京有什么特点？上海呢？杭州呢？

Language Points 语言点

一、一点儿也不危险

■ “一＋量词＋（名词）＋也／都＋不／没……”是一种强调句，表示“不／没……”的意思。如：
“一＋measure word＋(noun)＋也／都＋不／没……” is an emphasis sentence, expressing “不／没……”. For example:

(1) 他一句中国话也不会说。（强调“不会说中国话”）
(2) 大卫一天也没请过假。（强调“没请过假”）
(3) 我一次茶吧都没去过。（强调“没去过茶吧”）

1. 仿照例子，把下面的句子变成"一+量词+(名词)+也/都+不/没……"

Change the sentences into "一+measure word+(noun)+也/都+不/没……" according to the example

例：我没有钱。→我一分钱也/都没有。

(1) 他们没见过面。

(2) 我没有语伴。

(3) 大卫不认识汉字。

(4) 房间里不凉快。

(5) 王小明没有收到短信。

(6) 姐姐没去过中国。

2. 用"一+量词+(名词)+也/都+不/没……"完成对话

Complete the dialogues with "一+measure word+(noun)+也/都+不/没……"

(1) A：你有中国语伴吗？

B：________________

(2) A：你有词典吗？

B：________________

(3) A：长城很陡，是吗？

B：________________

(4) A：听说去那儿很方便。

B：________________

(5) A：这件衣服有点儿贵。

B：________________

(6) A：你房间的空调坏过吗？

B：________________

二、上海不仅有很多好吃的东西，而且有很多大商场

■ “不仅 / 不但……，而且 / 也……”是递进复句，后一个分句的意思要比前一个程度更高。前后分句的主语相同时，“不仅/ 不但”位于主语后面；主语不同时，一般位于主语前。不过，“而且”只能位于主语前，“也”只能位于主语后。如：

“不仅 / 不但……，而且 / 也……” shows the second clause goes further in meaning than the first one. When the subjects of the two clauses are identical, “不仅”, “不但” should be put behind the subject. When the subjects of the two clauses are different, “不仅”, “不但” are always put before the subject. “而且” must be put before the subject, but “也” must be put behind the subject. For example:

(1) 今天不仅/不但热，而且没有风。

(2) 我不仅/不但去过上海，也去过北京。

(3) 不仅这个菜很好吃，那个菜也不错。

1. 用“不仅/不但……”或“而且/也……”完成句子

Complete the sentences with “不仅/不但……” or “而且/也……”

(1) 颐和园不仅很大，____________________________。

(2) 我不但学过英语，____________________________。

(3) ____________________________，也不太贵。

(4) ____________________________，而且环境很好。

(5) 烤鸭（kǎoyā，roast duck）不但好吃，________________。

(6) ____________________________，性格（xìnggé，character）也很好。

2. 用“不仅/不但……，而且/也……”完成对话
Complete the dialogues with “不仅/不但……, 而且/也……”

(1) A：那个大学怎么样？
B：____________________

(2) A：长城怎么样？
B：____________________

(3) A：你喜欢那个老师吗？
B：喜欢，____________________

(4) A：山本经常去茶吧吗？为什么？
B：____________________

(5) A：你的房间怎么样？
B：____________________

(6) A：大卫钱包里有什么？
B：____________________

3. 全班学生平分成A、B两组，A组学生每人写一句“不仅/不但……”，B组学生每人写一句“而且/也……”，之后，先请A组一位同学念自己写的句子，然后请B组一位同学念自己写的句子，看看两个分句能否匹配。依次进行，直到每个学生都念完自己写的句子为止。
Divide the class into group A and B on the average, everyone of group A writes a clause “不仅/不但……”, and everyone of group B writes a clause “而且/也……”. Then the teacher lets one student of group A read his/her sentence, and then, let one student of group B read his/her sentence, and last the whole class judge whether the two clauses match. when everyone finishes, the game is over.

Comprehensive Exercises 综合练习

一、用下列词语和句式谈谈你去过的有意思的地方

Talk about an interesting place where you have been with the following words and sentences

名胜古迹 自然 风景 到处 花草 树木

不仅 / 不但……而且 / 也…… 一 + 量词 + （名词）+ 不 / 没……

二、写汉字 Write the Chinese characters

周	景	处
树	爬	陡
危	险	通

第九课　你想买什么礼物?

Lesson 9　What kind of gift do you want to buy?

课前热身 Warming-up Exercises

1. 你什么时候回国?
2. 你打算买什么礼物?
3. 你要给谁买礼物?

词　语 Words & Phrases

1. 家人	jiārén	名	member of family
2. 亲戚	qīnqi	名	relative
3. 堂兄	tángxiōng	名	cousin on the paternal side
4. 表弟	biǎodì	名	cousin on the maternal side
5. 主意	zhúyi	名	idea
6. 珍珠	zhēnzhū	名	pearl
7. 项链	xiàngliàn	名	necklace
8. 丝绸	sīchóu	名	silk
9. 围巾	wéijīn	名	muffler; scarf
10. 嗯	ǹg	叹	an interjection
11. 领带	lǐngdài	名	tie
12. 外	wài	名	outside
13. 市场	shìchǎng	名	market
14. 外国人	wàiguórén	名	foreigner

15. 陪	péi	动	accompany
16. 每人	měi rén		everybody
17. 打的	dǎ dī		take a taxi
18. 砍价	kǎn jià		bargain
19. 黑色	hēisè	名	black

专有名词 Proper nouns

1. 建国门	Jiànguómén	name of a place
2. 秀水街	Xiùshuǐ Jiē	name of a street
3. 红桥市场	Hóngqiáo Shìchǎng	name of a market
4. 麦当劳	Màidāngláo	Mcdonald's

Word Exercises 词语练习

一、在括号中填上适当的量词

Fill in the blanks with the proper measure words

一（ ）礼物 两（ ）亲戚 三（ ）项链

四（ ）围巾 五（ ）领带

二、找出你的亲戚和家人

Find out your relatives and the members of your family

父亲 母亲 哥哥 弟弟 姐姐 妹妹 堂兄 表姐 表弟

课 文 Text

(一)

(王小明在大卫的房间给大卫辅导，大卫向王小明打听礼物的情况)

大 卫：小明，我下个星期就要回国了，想买一些礼物送给家人和亲戚，可是不知道去哪儿买。

王小明：你想买什么礼物？

大 卫：我是学生，没有钱，当然买又便宜又好的礼物了。

王小明：你想送给什么人？

大 卫：爸爸、妈妈、姐姐、妹妹、堂兄、表弟，当然还有女朋友。

王小明：中国的茶非常有名，可以给你爸爸、妈妈买点儿茶。

大 卫：这个主意不错，爸爸、妈妈都喜欢喝茶。

王小明：中国的珍珠项链又便宜又漂亮，你姐姐、妹妹和女朋友一定非常喜欢。

大 卫：说得对，女孩子都爱美嘛！

王小明：中国的丝绸也特别有名，也可以给她们买丝绸衣服、围巾什么的。

大 卫：嗯。给我堂兄、表弟买什么呢？

王小明：丝绸领带。

大 卫：这些东西在什么地方可以买到？

王小明：很多商场都有，不过价钱不一样。

大　卫：哪儿的最便宜？

王小明：买丝绸衣服、围巾什么的，可以去建国门外的秀水街；买珍珠项链，去天坛附近的红桥市场。这两个地方都特别大，东西不仅非常多，而且很便宜，到北京来的外国人很多都去那儿买礼物。

大　卫：是吗？

王小明：这两个地方离学校都很远，不过交通很方便，坐地铁一个多小时就能到。你着急吗？

大　卫：不着急。

王小明：如果不着急，下个星期我陪你去。

大　卫：那太好了！

（Wáng Xiǎomíng zài Dàwèi de fángjiān gěi Dàwèi fǔdǎo，Dàwèi xiàng Wáng Xiǎomíng dǎting lǐwù de qíngkuàng）

Dàwèi：Xiǎomíng，wǒ xià ge xīngqī jiù yào huí guó le，xiǎng mǎi yìxiē lǐwù sòng gěi jiārén hé qīnqi，kěshì bù zhīdào qù nǎr mǎi.

Wáng Xiǎomíng：Nǐ xiǎng mǎi shénme lǐwù？

Dàwèi：Wǒ shì xuésheng，méiyǒu qián，dāngrán mǎi yòu piányi yòu hǎo de lǐwù le.

Wáng Xiǎomíng：Nǐ xiǎng sòng gěi shénme rén？

Dàwèi：Bàba、māma、jiějie、mèimei、tángxiōng、biǎodì，dāngrán hái yǒu nǚpéngyou.

Wáng Xiǎomíng：Zhōngguó de chá fēicháng yǒumíng，kěyǐ gěi nǐ bàba、māma mǎidiǎnr chá.

Dàwèi：Zhè ge zhúyi búcuò，bàba、māma dōu xǐhuan hē chá.

Wáng Xiǎomíng：Zhōngguó de zhēnzhū xiàngliàn yòu piányi yòu piàoliang，nǐ jiějie、mèimei hé nǚpéngyou yídìng fēicháng xǐhuan.

Dàwèi：Shuōdeduì，nǚháizi dōu ài měi ma！

Wáng Xiǎomíng：Zhōngguó de sīchóu yě tèbié yǒumíng，yě kěyǐ gěi tāmen mǎi sīchóu yīfu、wéijīn shénme de.

Dàwèi：Ǹg. Gěi wǒ tángxiōng、biǎodì mǎi shénme ne？

Wáng Xiǎomíng：Sīchóu lǐngdài.

Dàwèi：Zhèxiē dōngxi zài shénme dìfang kěyǐ mǎidào？

Wáng Xiǎomíng：Hěn duō shāngchǎng dōu yǒu，búguò jiàqian bù yíyàng.

Dàwèi：Nǎr de zuì piányi？

Wáng Xiǎomíng：Mǎi sīchóu yīfu、wéijīn shénme de，kěyǐ qù Jiànguómén wài de Xiùshuǐ Jiē；mǎi zhēnzhū xiàngliàn，qù Tiāntán fùjìn de Hóngqiáo Shìchǎng. Zhè liǎng ge dìfang dōu tèbié dà，dōngxi bùjǐn fēicháng duō，érqiě hěn piányi，dào Běijīng lái de wàiguórén hěn duō dōu qù nàr mǎi lǐwù.

Dàwèi：Shì ma？

Wáng Xiǎomíng：Zhè liǎng ge dìfang lí xuéxiào dōu hěn yuǎn，búguò jiāotōng hěn fāngbiàn，zuò dìtiě yí ge duō xiǎoshí jiù néng dào. Nǐ zháo jí ma？

Dàwèi：Bù zháo jí.

Wáng Xiǎomíng：Rúguǒ bù zháo jí，xià ge xīngqī wǒ péi nǐ qù.

Dàwèi：Nà tài hǎo le.

（二）

星期二上午，王小明陪我去了秀水街和红桥市场。秀水街很大，里面的衣服非常多，也非常漂亮，到处都能看到外国人。我给姐姐和妹妹每人买了一条丝绸围巾，给堂兄和表弟各买了一条丝绸领带。中午我和小明吃的麦当劳。吃完以后，我们打的去了红桥市场。红桥市场的珍珠项链不太贵，而且可以砍价，我给妈妈和女朋友各买了一条黑色珍珠项链。

Xīngqī'èr shàngwǔ, Wáng Xiǎomíng péi wǒ qùle Xiùshuǐ Jiē hé Hóngqiáo Shìchǎng. Xiùshuǐ Jiē hěn dà, lǐmian de yīfu fēicháng duō, yě fēicháng piàoliang, dàochù dōu néng kàn dào wàiguórén. Wǒ gěi jiějie hé mèimei měi rén mǎile yì tiáo sīchóu wéijīn, gěi tángxiōng hé biǎodì gè mǎile yì tiáo sīchóu lǐngdài. Zhōngwǔ wǒ hé Xiǎomíng chī de Màidāngláo. Chīwán yǐhòu, wǒmen dǎ dī qùle Hóngqiáo Shìchǎng. Hóngqiáo Shìchǎng de zhēnzhū xiàngliàn bú tài guì, érqiě kěyǐ kǎn jià, wǒ gěi māma hé nǚpéngyou gè mǎile yì tiáo hēisè zhēnzhū xiàngliàn.

Text Exercises 课文练习

根据课文回答问题 Answer the questions according to the text

1. 大卫想买什么礼物？
2. 大卫给谁买礼物？
3. 王小明让大卫给爸爸和妈妈买什么礼物？给姐姐和妹妹呢？给堂兄和表弟呢？

4. 秀水街和红桥市场怎么样？
5. 红桥市场的珍珠项链怎么样？
6. 大卫买了什么礼物？

语言点 Language Points

一、我下个星期就要回国了

■ "就要＋动词短语＋了"表示动作或行动很快要发生。例如：
"就要 + verb phrase + 了" indicates that an action or a behavior is going to take place relatively soon. For example:

(1) 我们就要毕业了。
(2) 第十二课就要学完了。
(3) 大卫就要去广州了。

1. 用"就要+动词短语+了"完成句子

Complete the sentences with "就要+verb phrase+了"

(1) ______________________，同学们复习好了吗？
(2) ______________________，我想买一些礼物。
(3) ______________________，我们快点儿走吧。
(4) ______________________，你买空调了吗？
(5) ______________________，你想找什么样的工作？
(6) 你等一会儿，______________________

2. 用"就要+动词短语+了"完成对话

Complete the dialogues with "就要+verb phrase+了"

(1) A：______________________，你打算什么时候回国？
B：八月五号。

(2) A：________________，你复习了吗?

B：我复习完了。

(3) A：快走吧，________________。

B：还有十分钟，不用着急。

(4) A：________________，他怎么走了?

B：他没吃早饭，去买点儿吃的。

(5) A：________________，你预订飞机票了吗?

B：上个星期就预订了。

(6) A：________________，你还换房间吗?

B：不换了。

二、中国的丝绸也特别有名，也可以给她们买丝绸衣服、围巾什么的

■ “A、B 什么的”表示列举。如：
“A、B 什么的” expresses to enumerate. For example:

(1) 我喜欢吃鸡、鱼什么的。

(2) 书包里有书、本子什么的。

(3) 食堂里饺子、包子、面条儿什么的都有。

◆ 用“A、B 什么的”完成对话
Complete the dialogues with the “A、B 什么的”

(1) A：你买了什么礼物?

B：________________

(2) A：你喜欢吃什么菜?

B：________________

(3) A：你的桌子上放着什么东西?

B：________________

(4) A：你钱包里有什么？
B：________________

(5) A：昨天你买什么东西了？
B：________________

(6) A：你房间里有什么？
B：________________

综合练习 Comprehensive Exercises

一、在括号中填上恰当的词语
Fill in the blanks with the proper words

主意	美	陪	砍价

1. 这个地方真（　　　）。
2. 在我们国家买东西不能（　　　）。
3. 明天我有时间，可以（　　　）你打太极拳。
4. 我有一个好（　　　）。

二、谈谈你们国家或家乡有什么特产
Talk about the special products of your country or your hometown

三、写汉字 Write the Chinese characters

礼	物	家
意	领	带
陪	黑	

第十课　是友谊饭店吗？
Lesson 10　Is it Friendship Hotel?

课前热身 Warming-up Exercises

说出下面各个房间的价钱 Talk about the price of each room below

房间类别	普通单人间	豪华单人间	标准间	三人间
价格	400	800	680	350

词　　语 Words & Phrases

1. 市内	shìnèi	名	urban district
2. 郊区	jiāoqū	名	suburbs
3. 订	dìng	动	book
4. 入住	rùzhù	动	check in
5. 待	dāi	动	stay
6. 或者	huòzhě	连	or
7. 普通	pǔtōng	形	common
8. 单人间	dānrénjiān	名	single room
9. 豪华	háohuá	形	luxurious
10. 不巧	bù qiǎo		unfortunately
11. 剩	shèng	动	left
12. 得	děi	助动	must; have to
13. 现金	xiànjīn	名	cash

14. 信用卡	xìnyòngkǎ	名	credit card
15. 优惠	yōuhuì	形	preferential, favourable
16. 抱歉	bàoqiàn	形	be sorry; regret
17. 淡季	dànjì	名	off season
18. 旺季	wàngjì	名	busy season
19. 目的地	mùdìdì	名	destination
20. 合适	héshì	形	suitable; appropriate
21. 网	wǎng	名	internet

专有名词 **Proper noun**

友谊饭店	Yǒuyì Fàndiàn	Friendship Hotel

词语练习 Word Exercises

用学过的词语回答问题

Answer the questions with the learned words

1. 你预订过什么样的房间？
2. 你家在市内还是郊区？
3. 你在这儿待多长时间？
4. 旅游的时候，你喜欢用现金还是信用卡？
5. 在你们国家淡季旅游优惠吗？

课文 Text

（一）

（大卫要去旅游，他给饭店打电话预订房间）

大　卫：喂，是友谊饭店吗？

服务员：是呀。您有什么事？

大　卫：请问你们饭店是在市内还是在郊区？

服务员：在市内，交通非常方便。

大　卫：太好了。我想订一个房间。

服务员：您什么时候入住？

大　卫：8月16号晚上。

服务员：住几个晚上？

大　卫：待三个或者四个晚上。

服务员：我们这儿有普通单人间、豪华单人间，还有标准间，您订哪种房间？

大　卫：普通单人间。

服务员：好的。（过了一会儿）对不起，先生，很不巧，普通单人间只剩一个房间，而且只能住两个晚上，第三个晚上得给您换一个房间。

大　卫：为什么？

服务员：8月18日这个房间已经有人预订了。

大　卫：是吗？真不巧！

服务员：您还订吗？

大　卫：先给我订上吧。
服务员：请问您是用现金付款还是用信用卡？
大　卫：用信用卡，优惠吗？
服务员：很抱歉，我们这儿旅游淡季有优惠，现在是旅游旺季，不优惠。先生，请留一下儿您的姓名。
大　卫：我叫大卫。
服务员：您能告诉我您的联系电话吗？
大　卫：我的手机号码是13861119860。
服务员：好的。

（Dàwèi yào qù lǚyóu，tā gěi fàndiàn dǎ diànhuà yùdìng fángjiān）
Dàwèi：Wèi，shì Yǒuyì Fàndiàn ma？
Fúwùyuán：Shì ya. Nín yǒu shénme shì？
Dàwèi：Qǐngwèn nǐmen fàndiàn shì zài shìnèi háishi zài jiāoqū？
Fúwùyuán：Zài shìnèi，jiāotōng fēicháng fāngbiàn.
Dàwèi：Tài hǎo le. Wǒ xiǎng dìng yí ge fángjiān.
Fúwùyuán：Nín shénme shíhou rùzhù？
Dàwèi：Bāyuè shíliù hào wǎnshang.
Fúwùyuán：Zhù jǐ ge wǎnshang？
Dàwèi：Dāi sān ge huòzhě sì ge wǎnshang.
Fúwùyuán：Wǒmen zhèr yǒu pǔtōng dānrénjiān、háohuá dānrénjiān，hái yǒu biāozhǔnjiān，nín dìng nǎ zhǒng fángjiān？
Dàwèi：Pǔtōng dānrénjiān.
Fúwùyuán：Hǎo de.（Guòle yíhuìr）Duìbuqǐ，xiānsheng，hěn

bù qiǎo, pǔtōng dānrénjiān zhǐ shèng yí ge fángjiān, érqiě zhǐ néng zhù liǎng ge wǎnshang, dì sān ge wǎnshang děi gěi nín huàn yí ge fángjiān.

Dàwèi: Wèi shénme?

Fúwùyuán: Bāyuè shíbā rì zhè ge fángjiān yǐjīng yǒu rén yùdìng le.

Dàwèi: Shì ma? Zhēn bù qiǎo!

Fúwùyuán: Nín hái dìng ma?

Dàwèi: Xiān gěi wǒ dìngshang ba.

Fúwùyuán: Qǐngwèn nín shì yòng xiànjīn fù kuǎn háishi yòng xìnyòngkǎ?

Dàwèi: Yòng xìnyòngkǎ, yōuhuì ma?

Fúwùyuán: Hěn bàoqiàn, wǒmen zhèr lǚyóu dànjì yǒu yōuhuì, xiànzài shì lǚyóu wàngjì, bù yōuhuì. Xiānsheng, qǐng liú yíxiàr nín de xìngmíng.

Dàwèi: Wǒ jiào Dàwèi.

Fúwùyuán: Nín néng gàosu wǒ nín de liánxì diànhuà ma?

Dàwèi: Wǒ de shǒujī hàomǎ shì yāo sān bā liù yāo yāo yāo jiǔ bā liù líng.

Fúwùyuán: Hǎo de.

（二）

过去人们旅游的时候很少预订饭店，一般都是到了目的地以后再找。旅游淡季的时候很容易找到，但是旺季的时候就很麻烦，有时找不到合适的饭店，即使找到了合适的饭店，也常常找不到合适的房间。现在，虽然还有人喜欢到了目的地以后再找饭店，但是也有很多人喜欢打电话预订，还有些人，特别是年轻人，喜欢在网上预订。打电话预订和网上预订不仅很方便，而且经常有优惠。

Guòqù rénmen lǚyóu de shíhou hěn shǎo yùdìng fàndiàn, yìbān dōu shì dàole mùdìdì yǐhòu zài zhǎo. Lǚyóu dànjì de shíhou hěn róngyì zhǎodào, dànshì wàngjì de shíhou jiù hěn máfan, yǒushí zhǎobudào héshì de fàndiàn, jíshǐ zhǎodàole héshì de fàndiàn, yě chángcháng zhǎobudào héshì de fángjiān. Xiànzài, suīrán hái yǒu rén xǐhuan dàole mùdìdì yǐhòu zài zhǎo fàndiàn, dànshì yě yǒu hěn duō rén xǐhuan dǎ diànhuà yùdìng, hái yǒuxiē rén, tèbié shì niánqīngrén, xǐhuan zài wǎng shang yùdìng. Dǎ diànhuà yùdìng hé wǎng shang yùdìng bùjǐn hěn fāngbiàn, érqiě jīngcháng yǒu yōuhuì.

Text Exercises 课文练习

根据课文回答问题 Answer the questions according to the text

1. 大卫想住几个晚上？
2. 友谊饭店都有什么样的房间？
3. 大卫想订什么样的房间？
4. 第三个晚上为什么要给大卫换一个房间？
5. 现在有优惠吗？为什么？
6. 过去人们旅游的时候预订房间吗？现在呢？
7. 到了目的地以后，再找饭店麻烦吗？

语言点 Language Points

一、待三个或者四个晚上

■ "A 或者 B" 表示选择，多用于陈述句，可以做宾语、主语，也可以单用，口语中多用 "或"。如：

"A 或者 B" is used to elicit the possible alternatives in sentences with selections present, but it is always used in the declarative sentence. The pattern "A 或者 B" can be used as object, subject, and also can be used independently. In spoken Chinese, "或" is used more widely than "或者". For example:

(1) 我喝啤酒或（者）可乐。

(2) 明天我们去颐和园或（者）故宫。

(3) A：中午吃什么？

B：包子或（者）饺子都可以。

(4) A：你下周去哪儿旅游？

B：还没定，上海或者杭州吧。

◆ **用"A 或（者）B" 完成对话**

Complete the dialogues with "A 或（者）B"

(1) A：明天去什么地方？

B：________________________

(2) A：你吃什么？

B：________________________

(3) A：你们打算在那儿待几天？

B：________________________

(4) A：空调什么时候能修好？

B：________________________

(5) A：大卫想买什么礼物？

B：________________

(6) A：咱们怎么去那儿？

B：________________

二、即使找到了合适的饭店，也常常找不到合适的房间

■ "即使……，也……"是假设复句，"即使"用于表示假设的分句中，提出比较极端的情况，关联副词"也"用在后一分句中，说明结果。例如：

The conjunction "即使" is used in the first clause expressing an extreme supposition, and the second clause, where the correlative adverb "也" is used, gives the consequence. For example:

(1) 这个饭店即使是淡季，也不优惠。

(2) 即使明天下雨，我也去长城。

(3) 你今天即使很累，也要写作业。

1. 用"即使……"完成句子

Complete the sentences with "即使……"

(1) ________________，我也不买。

(2) ________________，明天也打太极拳。

(3) ________________，我也要去茶吧。

(4) ________________，大卫也要换一个房间。

(5) ________________，他也来上课。

(6) ________________，我们也要去广州。

2. 用“也……”完成句子

Complete the sentences with “也……”

(1) 即使你不去，______________。

(2) 即使拉肚子，______________。

(3) 机票即使三折，______________。

(4) 即使价钱不贵，______________。

(5) 茶吧练习汉语的机会即使很多，______________。

(6) 即使我有很多钱，______________。

综合练习 Comprehensive Exercises

一、在括号中填上恰当的词语

Fill in the blanks with the proper words

订	待	剩	得	换	抱歉	优惠

(1) 非常（　　　），我明天不能跟你一起去了。

(2) 我只（　　　）十块钱了。

(3) 那个超市明天有（　　　）活动，咱们去看看吧。

(4) 他在北京（　　　）了两年。

(5) 去上海的票（　　　）好了吗？

(6) 这件衣服有点儿大，给我（　　　）一件小点儿的。

(7) 我还有点儿事，我（　　　）走了。

二、用“或者”或“还是”填空

Fill in the blanks with “或者” or “还是”

(1) 我想买丝绸衬衫（　　）领带。

(2) 他到底（dàodǐ，in the end）去过（　　）没去过？

(3) 你找李老师（　　）张老师？

(4) 明天（　　）后天我都可以陪你去。

(5) 房间里热（　　）凉快？

(6) 这事不着急，早点儿（　　）晚点儿都没关系。

三、写汉字 Write the Chinese characters

郊　入　或

普　单　巧

剩　得　歉　网

第十一课　坐火车很累吧？

Lesson 11　Is it tired to take a train?

课前热身 Warming-up Exercises

1. 你去过上海吗？
2. 你在中国坐过火车吗？
3. 你在中国旅游经常利用什么交通工具？

词语 Words & Phrases

1. 特快	tèkuài	名	special express
2. 动车	dòngchē	名	bullet train
3. 高铁	gāotiě	名	high speed train
4. 快车	kuàichē	名	express train
5. 站	zhàn	名	station
6. 停	tíng	动	stop
7. 平均	píngjūn	形	average
8. 速度	sùdù	名	speed
9. 公里	gōnglǐ	量	kilometer
10. 以上	yǐshàng	名	more than
11. 硬座	yìngzuò	名	hard seat
12. 软座	ruǎnzuò	名	soft seat
13. 硬卧	yìngwò	名	hard sleeping berth

14. 软卧	ruǎnwò	名	soft sleeping berth
15. 卧铺	wòpù	名	sleeping berth
16. 间	jiān	量	measure word (used for the number of room or classroom)
17. 安静	ānjìng	形	quiet
18. 哦	ò	感叹	indicate understanding
19. 世纪	shìjì	名	century
20. 年代	niándài	名	age; years
21. 落后	luòhòu	形	less developed
22. 要么	yàome	连	either...or
23. 超过	chāoguò	动	surpass; exceed
24. 达到	dádào	动	reach
25. 全国	quánguó	名	all over the country
26. 主要	zhǔyào	形	main; chief
27. 基本	jīběn	形	basic

词语练习 Word Exercises

一、填上适当的汉字，使它们变成两个词

Fill in the blanks with proper characters to make them become two words

特	
	车

硬	
	铺

主	
	么

二、写出下列词语的反义词

Write the antonyms of the following words

快车—　　硬座—　　硬卧—　　安静—　　落后—

课文 Text

（一）

（大卫要去上海旅游，他向王小明打听怎么去上海）

大　卫：小明，周末我想去上海，星期五晚上不能一起练习汉语了。

王小明：你去多长时间？

大　卫：星期一有考试，我想星期五走，星期天回来。

王小明：只有两天，太短了！

大　卫：没办法！去上海方便吗？

王小明：很方便。可以坐火车，也可以坐大巴，当然还可以坐飞机。

大　卫：北京到上海很远，坐火车很累吧？

王小明：很累是很累，不过很有意思，你可以和中国人聊天，还可以看风景。

大　卫：在中国我还没有坐过火车，我应该试一试。

王小明：到上海的火车主要有三种：一种是特快，一种是动车，还有一种是高铁。

大　卫：有什么不一样？

王小明：特快就是特别快车，一般大站停，小站不停。动车也是一种特别快车，不过比特快更快，平均速度在每小时 200 公里以上，从北京到上海需要8个多小时。

大　卫：8个多小时？太长了！高铁呢？

王小明：高铁就是高速火车，平均速度在每小时300公里以上。从北京到上海只需要4个多小时。

大　卫：这么快！

王小明：快是快，不过高铁非常贵。我觉得坐特快比较合适，只是坐特快需要10多个小时。

大　卫：我从来没有坐过这么长时间的火车。

王小明：特快上有硬座、软座，还有硬卧和软卧。你可以坐硬卧。

大　卫：什么是硬卧？

王小明：硬卧是一种卧铺，可以睡觉。

大　卫：软卧是什么？

王小明：软卧也是卧铺，不过比硬卧贵，硬卧是六个人一间，软卧是四个人一间，比较安静，也比较舒服。

大　卫：哦。那我就买软卧吧。软卧好买吗？

王小明：现在是旅游淡季，好买，提前10天就可以买。

大　卫：我明天就去买票。

(Dàwèi yào qù shànghǎi lǚyóu, tā xiàng Wáng Xiǎomíng dǎting zěnme qù Shànghǎi)

Dàwèi: Xiǎomíng, zhōumò wǒ xiǎng qù Shànghǎi, xīngqīwǔ wǎnshang bù néng yìqǐ liànxí Hànyǔ le.

Wáng Xiǎomíng: Nǐ qù duō cháng shíjiān?

Dàwèi: Xīngqīyī yǒu kǎoshì, wǒ xiǎng xīngqīwǔ zǒu, xīngqītiān huílai.

Wáng Xiǎomíng: Zhǐ yǒu liǎng tiān, tài duǎn le!

Dàwèi: Méi bànfǎ! Qù Shànghǎi fāngbiàn ma?

Wáng Xiǎomíng: Hěn fāngbiàn. Kěyǐ zuò huǒchē, yě kěyǐ zuò dàbā, dāngrán hái kěyǐ zuò fēijī.

Dàwèi: Běijīng dào Shànghǎi hěn yuǎn, zuò huǒchē hěn lèi ba?

Wáng Xiǎomíng: Hěn lèi shì hěn lèi, búguò hěn yǒu yìsi, nǐ kěyǐ hé Zhōngguórén liáo tiān, hái kěyǐ kàn fēngjǐng.

Dàwèi: Zài Zhōngguó wǒ hái méiyǒu zuòguo huǒchē, wǒ yīnggāi shì yi shì.

Wáng Xiǎomíng: Dào Shànghǎi de huǒchē zhǔyào yǒu sān zhǒng: yì zhǒng shì tèkuài, yì zhǒng shì dòngchē, hái yǒu yì zhǒng shì gāotiě.

Dàwèi: Yǒu shénme bù yíyàng?

Wáng Xiǎomíng: Tèkuài jiù shì tèbié kuàichē, yìbān dà zhàn tíng, xiǎo zhàn bù tíng. Dòngchē yě shì yì zhǒng tèbié kuàichē, búguò bǐ tèkuài gèng kuài, píngjūn sùdù zài měi xiǎoshí èrbǎi gōnglǐ yǐshàng, cóng Běijīng dào Shànghǎi xūyào bā ge duō xiǎoshí.

Dàwèi: Bā ge duō xiǎoshí? Tài cháng le! Gāotiě ne?

Wáng Xiǎomíng: Gāotiě jiù shì gāosù huǒchē, píngjūn sùdù zài měi xiǎoshí sānbǎi gōnglǐ yǐshàng. Cóng Běijīng dào Shànghǎi zhǐ xūyào sì ge duō xiǎoshí.

Dàwèi: Zhème kuài!

Wáng Xiǎomíng: Kuài shì kuài, búguò gāotiě fēicháng guì. Wǒ juéde zuò tèkuài bǐjiào héshì, zhǐshi zuò tèkuài xūyào shí duō ge xiǎoshí.

Dàwèi： Wǒ cónglái méiyǒu zuòguo zhème cháng shíjiān de huǒchē.

Wáng Xiǎomíng： Tèkuài shang yǒu yìngzuò、ruǎnzuò，hái yǒu yìngwò hé ruǎnwò. Nǐ kěyǐ zuò yìngwò.

Dàwèi： Shénme shì yìngwò?

Wáng Xiǎomíng： Yìngwò shì yì zhǒng wòpù，kěyǐ shuì jiào.

Dàwèi： Ruǎnwò shì shénme?

Wáng Xiǎomíng： Ruǎnwò yě shì wòpù，búguò bǐ yìngwò guì，yìngwò shì liù ge rén yì jiān，ruǎnwò shì sì ge rén yì jiān，bǐjiào ānjìng，yě bǐjiào shūfu.

Dàwèi： Ò. Nà wǒ jiù mǎi ruǎnwò ba. Ruǎnwò hǎo mǎi ma?

Wáng Xiǎomíng： Xiànzài shì lǚyóu dànjì，hǎo mǎi，tíqián shí tiān jiù kěyǐ mǎi.

Dàwèi： Wǒ míngtiān jiù qù mǎi piào.

（二）

20世纪90年代以前，中国的交通比较落后。由于飞机非常少，机票非常贵，出去旅游要么坐汽车，要么坐火车，而且火车的速度都比较慢，平均每小时不超过50公里。90年代以后，中国的交通发生了很大的变化。现在出去旅游，不仅可以坐汽车、火车，还可以坐飞机，更重要的是，火车的速度比过去要快得多，一般都在每小时200公里以上，高铁还达到了每小时300多公里。从北京到全国主要大城市，基本上一天之内都可以到达。

Èrshí shìjì jiǔshí niándài yǐqián，Zhōngguó de jiāotōng bǐjiào luòhòu. Yóuyú fēijī fēicháng shǎo，jīpiào fēicháng guì，chūqu lǚyóu yàome zuò qìchē，yàome zuò huǒchē，érqiě huǒchē de sùdù dōu bǐjiào màn, píngjūn měi xiǎoshí bù chāoguò wǔshí gōnglǐ. Jiǔshí niándài yǐhòu, Zhōngguó de jiāotōng fāshēngle hěn dà de biànhuà. Xiànzài chūqu lǚyóu, bùjǐn kěyǐ zuò qìchē、huǒchē, hái kěyǐ zuò fēijī, gèng zhòngyào de shì, huǒchē de sùdù bǐ guòqù yào kuài de duō, yìbān dōu zài měi xiǎoshí èrbǎi gōnglǐ yǐshàng, gāotiě hái dádàole měi xiǎoshí sānbǎi duō gōnglǐ. Cóng Běijīng dào quánguó zhǔyào dà chéngshì, jīběn shang yì tiān zhī nèi dōu kěyǐ dàodá.

课文练习 Text Exercises

根据课文回答问题 Answer the questions according to the text

1. 到上海的火车主要有几种？
2. “特快”是什么？动车和高铁呢？
3. 特快有几种车票？
4. 硬卧和软卧有什么不同？
5. 软卧票现在好买吗？为什么？
6. 20世纪90年代以前中国的交通怎么样？
7. 90年代以后中国的交通怎么样？

语言点 Language Points

一、很累是很累，不过很有意思

■ “A是A，不过/但是……”表示让步转折，“A是A”表示承认某种情况，“不过/但是……”指出与A相反或相对的情况，A一般是形容词（短语）或动词（短语）等。如：

"A 是 A, 不过 / 但是……" indicates concessive and contrasting relation. "A 是 A" indicates the admission of some situation（A）; while "不过 / 但是……" indicates the situation which is opposite or stands in contrast to A. Normally A is an adjective（phrase）or a verb（phrase）. For example:

（1）飞机快是快，不过太贵。
（2）今天热是热，不过风很大。
（3）我去是去，但是今天去不了。

1. 用"A 是 A"完成句子

Complete the sentences with "A 是 A"

（1）__________________，不过很有意思。
（2）__________________，但是非常安全。
（3）__________________，不过现在去不了。
（4）__________________，不过一点儿也不危险。
（5）__________________，但是价钱太高。
（6）__________________，不过只坐过一次。

2. 用"A 是 A，不过/但是……"完成对话

Complete the dialogues with "A 是 A，不过/但是……"

（1）A：我觉得坐火车很安全。
B：__________________________
（2）A：烤鸭挺好吃的。
B：__________________________
（3）A：今天真热！
B：__________________________
（4）A：软卧舒服吗？
B：__________________________

(5) A：这个饭店还有房间吗？
B：________________________
(6) A：你去过长城吗？
B：________________________

二、出去旅游要么坐汽车，要么坐火车

■ “要么……，要么……”表示二者必须选择一个。如：
“要么……，要么……” indicates choice between two alternatives. For example:

(1) 要么今天去，要么明天去，但你必须去。
(2) 食堂里只有包子和饺子，咱们要么吃包子，要么吃饺子。
(3) 这个饭店只剩下两个房间，你要么住这间，要么住那间。

◆ **用“要么……，要么……”完成对话**
Complete the dialogues with “要么……，要么……”

(1) A：你周末常常干什么？
B：________________________
(2) A：咱们怎么去红桥市场？
B：________________________
(3) A：她的钱包丢在什么地方了？
B：________________________
(4) A：你想买什么礼物？
B：________________________
(5) A：这件衣服有点儿大，怎么办？
B：________________________
(6) A：什么时候听写？
B：________________________

Comprehensive Exercises 综合练习

一、在括号中填上恰当的词语

Fill in the blanks with the proper words

以上	安静	提前	平均	超过	基本

(1) 晚上这儿特别（　　　），一点声音（shēngyīn，voice）都没有。

(2) 这一课的生词我（　　　）都会。

(3) 他们班的同学一般都二十岁（　　　）。

(4) 我（　　　）一个星期回国。

(5) 我们班（　　　）一半的同学都学过一年汉语。

(6) 弟弟每个月（　　　）要花两千块钱。

二、用下列词语谈谈你们国家的交通状况

Talk about the transportation of your country with the given words

平均　速度　公里　以上　安静　超过　主要　基本

三、写汉字 Write the Chinese characters

站 停 速

座 卧 安

静 超

第十二课　别忘了给我发邮件

Lesson 12　Don't forget to send me an email

课前热身 Warming-up Exercises

1. 毕业的时候你们有什么活动？
2. 毕业的时候送朋友礼物吗？如果送礼物，送什么？
3. 你经常给朋友发邮件吗？

词语 Words & Phrases

1. 转眼	zhuǎnyǎn	副	in the twinkling of an eye; soon
2. 毕业	bì yè		graduate
3. 感觉	gǎnjué	名	feeling
4. 了解	liǎojiě	动	understand
5. 地址	dìzhǐ	名	address
6. 做客	zuò kè		be a guest
7. 校徽	xiàohuī	名	school badge
8. 钥匙链	yàoshiliàn	名	key chain
9. 纪念	jìniàn	名	souvenir
10. 家乡	jiānxiāng	名	hometown
11. 特产	tèchǎn	名	special local product
12. 讲座	jiǎngzuò	名	lecture
13. 机场	jīchǎng	名	airport
14. 行李	xíngli	名	luggage

15. 祝	zhù	动	wish
16. 一路平安	yí lù píng'ān		have a safe journey
17. 邮件	yóujiàn	名	mail
18. 封	fēng	量	measure word (used to count the number of letter)
19. 顺利	shùnlì	形	smooth
20. 回去	huí qù		return; go back
21. 顺便	shùnbiàn	副	by the way
22. 忙	máng	形	busy
23. 请教	qǐngjiào	动	ask for advice

词语练习 *Word Exercises*

一、连字组词 Match

毕	念
纪	解
了	教
顺	业
请	利

二、回答问题 Answer the questions

1. 你去中国人家里做过客吗？
2. 你的家乡有什么特产？
3. 你有什么行李？
4. 你用中文写过邮件吗？
5. 你在中国有什么不顺利的事吗？

Text 课文

(一)

(大卫学习结束要回国了，王小明来大卫宿舍跟他道别)

大　卫：时间过得真快，转眼一个月就过去了。

王小明：是啊！还有一年我也要毕业了。

大　卫：这一个月，你对我的帮助太大了！

王小明：不用客气！

大　卫：虽然我们认识才一个月，但是我觉得我们像老朋友一样。

王小明：我也有这样的感觉。

大　卫：跟你在一起，我不但练习了汉语，还了解了很多中国文化，知道了很多以前不知道的东西。

王小明：我也一样，从你那儿，我了解了很多你们国家的文化。

大　卫：我现在觉得学习汉语越来越有意思，我希望明年暑假再来这里学习汉语。

王小明：是吗？那太好了！明年七月我还在这里，我们还能再见面！

大　卫：这是我家的地址和电话，有机会到我家去玩儿。

王小明：谢谢！如果有机会，我一定去。下次你来中国，我请你去我家做客。

大　卫：真的吗？

王小明：当然是真的！

大　卫：这是我的大学校徽，这是一个钥匙链，送给你，做个纪念吧！

王小明：谢谢！我也给你准备了一个礼物，你看这是什么？

大　卫：茶叶！太好了！

王小明：这是我们家乡的特产，这种茶叶在中国非常有名。

大　卫：谢谢你！

王小明：你明天几点的飞机？

大　卫：上午九点半。

王小明：我明天上午要去听一个讲座，不能去机场送你了。

大　卫：我的行李不多，而且和几个朋友一起走，不用送。

王小明：时间不早了，早点儿休息吧！祝你一路平安！

大　卫：谢谢！

王小明：回国以后，别忘了给我发邮件！

大　卫：忘不了。

(Dàwèi xuéxí jiéshù yào huí guó le, Wáng Xiǎomíng lái Dàwèi sùshè gēn tā dào bié)

Dàwèi: Shíjiān guò de zhēn kuài, zhuǎnyǎn yí ge yuè jiù guòqu le.

Wáng Xiǎomíng: Shì a! Hái yǒu yì nián wǒ yě yào bì yè le.

Dàwèi: Zhè yí ge yuè, nǐ duì wǒ de bāngzhù tài dà le!

Wáng Xiǎomíng: Búyòng kèqi!

Dàwèi: Suīrán wǒmen rènshi cái yí ge yuè, dànshì wǒ juéde wǒmen xiàng lǎo péngyou yíyàng.

Wáng Xiǎomíng: Wǒ yě yǒu zhèyàng de gǎnjué.

Dàwèi: Gēn nǐ zài yìqǐ, wǒ búdàn liànxíle Hànyǔ, hái liǎojiěle hěn duō Zhōngguó wénhuà, zhīdaole hěn duō yǐqián bù zhīdào de dōngxi.

Wáng Xiǎomíng: Wǒ yě yíyàng, cóng nǐ nàr, wǒ liǎojiěle hěn duō nǐmen guójiā de wénhuà.

Dàwèi: Wǒ xiànzài juéde xuéxí Hànyǔ yuèláiyuè yǒu yìsi, wǒ xīwàng míngnián shǔjià zài lái zhèli xuéxí Hànyǔ.

Wáng Xiǎomíng: Shì ma? Nà tài hǎo le! Míngnián qīyuè wǒ hái zài zhèli, wǒmen hái néng zài jiàn miàn!

Dàwèi: Zhè shì wǒ jiā de dìzhǐ hé diànhuà, yǒu jīhuì dào wǒ jiā qù wánr.

Wáng Xiǎomíng: Xièxie! Rúguǒ yǒu jīhuì, wǒ yídìng qù. Xià cì nǐ lái Zhōngguó, wǒ qǐng nǐ qù wǒ jiā zuò kè.

Dàwèi: Zhēn de ma?

Wáng Xiǎomíng: Dāngrán shì zhēn de!

Dàwèi: Zhè shì wǒ de dàxué xiàohuī, zhè shì yí ge yàoshiliàn, sòng gěi nǐ, zuò ge jìniàn ba!

Wáng Xiǎomíng: Xièxie! Wǒ yě gěi nǐ zhǔnbèile yí ge lǐwù, nǐ kàn zhè shì shénme?

Dàwèi: Cháyè! Tài hǎo le!

Wáng Xiǎomíng: Zhè shì wǒmen jiāxiāng de tèchǎn, zhè zhǒng cháyè zài Zhōngguó fēicháng yǒumíng.

Dàwèi: Xièxie nǐ!

Wáng Xiǎomíng：Nǐ míngtiān jǐ diǎn de fēijī?

Dàwèi：Shàngwǔ jiǔ diǎn bàn.

Wáng Xiǎomíng：Wǒ míngtiān shàngwǔ yào qù tīng yí ge jiǎngzuò，bù néng qù jīchǎng sòng nǐ le.

Dàwèi：Wǒ de xíngli bù duō，érqiě hé jǐ ge péngyou yìqǐ zǒu，bú yòng sòng.

Wáng Xiǎomíng：Shíjiān bù zǎo le，zǎodiǎnr xiūxi ba！Zhù nǐ yí lù píng'ān！

Dàwèi：Xièxie！

Wáng Xiǎomíng：Huí guó yǐhòu，bié wàngle gěi wǒ fā yóujiàn！

Dàwèi：Wàngbuliǎo.

（二）

一封邮件

王小明：

你好！

昨天晚上八点我顺利地回到了家。现在离开学还有一个多星期，我准备先回去看看父母和女朋友，顺便把在中国买的礼物送给他们，一个多月没跟他们见面，他们一定很想我！

下个学期我比较忙，要上很多课，当然也有汉语课。对了，学习汉语的时候，如果有问题，可以给你发邮件请教吗？

你现在怎么样？什么时候开学？方便的时候请给我回信。

祝

身体健康！

朋友：大卫

8月8日

Yì Fēng Yóujiàn

Wáng Xiǎomíng:

Nǐ hǎo!

Zuótiān wǎnshang bā diǎn wǒ shùnlì de huídàole jiā. Xiànzài lí kāi xué hái yǒu yí ge duō xīngqī, wǒ zhǔnbèi xiān huíqu kànkan fùmǔ hé nǚpéngyou, shùnbiàn bǎ zài Zhōngguó mǎi de lǐwù sòng gěi tāmen, yí ge duō yuè méi gēn tāmen jiàn miàn, tāmen yídìng hěn xiǎng wǒ!

Xià ge xuéqī wǒ bǐjiào máng, yào shàng hěn duō kè, dāngrán yě yǒu Hànyǔ kè. Duìle, xuéxí Hànyǔ de shíhou, rúguǒ yǒu wèntí, kěyǐ gěi nǐ fā yóujiàn qǐngjiào ma?

Nǐ xiànzài zěnmeyàng? Shénme shíhou kāi xué? Fāngbiàn de shíhou qǐng gěi wǒ huí xìn.

Zhù

Shēntǐ jiànkāng!

Péngyou: Dàwèi

Bāyuè bā rì

Text Exercises 课文练习

根据课文回答问题 Answer the questions according to the text

1. 王小明什么时候毕业?
2. 为什么说王小明对大卫的帮助很大?
3. 大卫明年来中国，王小明要请大卫做什么?
4. 大卫送给王小明什么礼物? 王小明送给大卫什么礼物?
5. 王小明去机场送大卫吗? 为什么?
6. 大卫回去以后准备做什么?

语言点 Language Points

一、虽然我们认识才一个月，但是我觉得我们像老朋友一样

■ “虽然……，但是……”是转折复句，“但是”后面的成分跟“虽然”后面的表示的意思相反或相对。如：

“虽然……，但是……” indicates contrasting relation. The second clause is the main clause which is opposite or stands in contrast to the first clause. For example:

（1）虽然今天下雨了，但是一点儿都不冷。

（2）我虽然学过一点儿汉语，但是都忘了。

（3）烤鸭虽然很好吃，但是有点儿贵。

1. 用“虽然……”或“但是……”完成句子

Complete the sentences with “虽然……” or “但是……”

（1）今天虽然很冷，________________。

（2）火车虽然很安全，________________。

（3）这个商店的东西虽然很便宜，________________。

（4）________________，但是有点儿贵。

（5）________________，但是很有意思。

（6）________________，但是我没买。

2. 用“虽然……，但是……”完成对话

Complete the dialogues with “虽然……，但是……”

（1）A：你们的房间太小了。

B：________________

(2) A：咱们坐车去吧，坐车很便宜。
B：____________________________
(3) A：这个菜挺好吃的。
B：____________________________
(4) A：住在这儿很方便。
B：____________________________
(5) A：你会打太极拳吗？
B：____________________________
(6) A：那家饭店在市内吗？
B：____________________________

3. 全班学生平分成 A、B 两组，A 组学生每人写一句“虽然……”，B 组学生每人写一句“但是……”。之后，先请 A 组一位同学念自己写的句子，然后请 B 组一位同学念自己写的句子，看看两个分句能否匹配。依次进行，直到每个学生都念完自己写的句子为止。

Divide the class into group A and B on the average, everyone of group A writes a clause with “虽然……”, and everyone of group B writes a clause with “但是……”. Then the teacher lets one student of group A read his/her sentence, and then, let one student of group B read his/her sentence. At last, the whole class judge whether the two clauses match. when everyone finishes, the game is over.

二、送给你，做个纪念吧
我也给你准备了一个小礼物

■ “给”，介词，后面接行为动作的对象。一般情况下，“给＋名词/代词”出现在动词前，但当动词有“给予”的意思时，“给＋名词/代词”放在动词后。如：

“给”, preposition, introduces the object of an action. Generally speaking, “给+noun/pronoun” is put before the verb; however when the verb has the meaning “give”, “给+noun/pronoun” is put behind the verb. For example:

(1) 请你给我介绍一下。

(2) 这个问题我们还不明白，请老师给我们再讲一讲。

(3) 他送给我一本书。

(4) 服务员把钱包还给大卫了。

1. 将“给+名词/代词”放在合适的地方

Put “给+noun/pronoun” in the proper place

(1) 那本书可以A看看B吗？（给我）

(2) 回国以后，请A写B信。（给我）

(3) 作业A交（jiāo，hand over）B了。（给老师）

(4) 请把醋（cù，vinegar）A递（dì，pass）B。（给我）

(5) 妈妈A包B了很多饺子。（给我们）

(6) 你能把房子A租（zū，rent）B吗？（给我）

2. 用“给+名词/代词”完成对话

Complete the dialogues with “给+noun/pronoun”

(1) A：有问题，____________，这是我的电话号码。

B：好的。

(2) A：那是什么书？________________？
B：当然。你看吧。

(3) A：可以看看你朋友的照片吗？
B：对不起，现在没带，________________。

(4) A：醋呢？怎么没有醋哇？
B：醋在这儿，________________。

(5) A：这个房间不错，________________？
B：可以呀。

(6) A：她是谁？________________？
B：她是我同屋，她叫山本美子。

Comprehensive Exercises 综合练习

一、在括号中填上恰当的词语
Fill in the blanks with the proper words

过	感觉	做客	祝	请教

(1) 再（　　　　）两个星期，我就要毕业了。
(2) 我可以（　　　　）您一个问题吗？
(3) （　　　　）你一路平安！
(4) 这次考试，（　　　　）还不错。
(5) 下星期一朋友请我去他家（　　　　）。

二、给朋友写一封邮件 Write your friend an email

三、写汉字 Write the Chinese characters

感 做 钥

匙 纪 场

祝 封

词语总表
Vocabulary

A			
爱	ài	动	6
安静	ānjìng	形	11
按时	ànshí	副	4
B			
把	bǎ	介	7
百分之	bǎi fēn zhī		2
半夜	bànyè	名	4
抱歉	bàoqiàn	形	10
比如说	bǐrú shuō		2
毕业	bì yè		12
边	biān	名	5
表弟	biǎodì	名	9
别	bié	副	3
病	bìng	名	4
补	bǔ	动	4
不见不散	bú jiàn bú sàn		5
不仅	bùjǐn	连	8
不巧	bù qiǎo		10
不行	bù xíng		3
C			
茶	chá	名	6
茶吧	chábā	名	6
超过	chāoguò	动	11
城市	chéngshì	名	8
出汗	chū hàn		3
D			
达到	dádào	动	11
打的	dǎ dī		9
打折	dǎ zhé		2
大巴	dàbā	名	8
待	dāi	动	10
大夫	dàifu	名	4
带	dài	动	4
单人间	dānrénjiān	名	10
但是	dànshì	连	7
淡季	dànjì	名	10
到处	dàochù	副	8
得	děi	助动	10
等	děng	动	3
地址	dìzhǐ	名	12
第（二）	dì（èr）	头	5
电子辞典	diànzǐ cídiǎn		7
订	dìng	动	10
丢	diū	动	7
动车	dòngchē	名	11
陡	dǒu	形	8
肚子	dùzi	名	4
短信	duǎnxìn	名	2
对面	duìmiàn	名	5
E			
而且	érqiě	连	6
F			
凡是	fánshì	副	2
饭馆儿	fànguǎnr	名	4
放心	fàng xīn		3
风景	fēngjǐng	名	8
封	fēng	量	12
服务员	fúwùyuán	名	3
附近	fùjìn	名	5
G			
感觉	gǎnjué	名	12

感谢	gǎnxiè	动	7
高铁	gāotiě	名	11
各	gè	代	8
公里	gōnglǐ	量	11
购物	gòu wù		8
怪不得	guàibude	副	6
广告	guǎnggào	名	2

H

汗	hàn	名	3
豪华	háohuá	形	10
好汉	hǎohàn	名	8
好喝	hǎohē	形	6
合适	héshì	形	10
黑色	hēisè	名	9
湖	hú	名	5
花草	huācǎo	名	8
环境	huánjìng	名	6
换	huàn	动	3
回来	huí lái		7
回去	huí qù		12
火车	huǒchē	名	8
或者	huòzhě	连	10

J

机场	jīchǎng	名	12
机会	jīhuì	名	6
机票	jīpiào	名	2
基本	jīběn	形	11
纪念	jìniàn	名	12
家	jiā	量	5
家人	jiārén	名	9
家乡	jiānxiāng	名	12
价钱	jiàqian	名	2
间	jiān	量	11
捡	jiǎn	动	7
捡到者	jiǎndàozhě	名	7
见面	jiàn miàn		6
健身	jiànshēn	动	5
健身房	jiànshēnfáng	名	5
讲座	jiǎngzuò	名	12
交通	jiāotōng	名	8
郊区	jiāoqū	名	10
教	jiāo	动	1
教室	jiàoshì	名	7
决定	juédìng	动	6

K

开	kāi	动	3
开	kāi	动	4
开始	kāishǐ	动	4
砍价	kǎn jià		9
可能	kěnéng	助动	7
空调	kōngtiáo	名	3
空儿	kòngr	名	1
快车	kuàichē	名	11
宽	kuān	形	8

L

拉肚子	lā dùzi		4
礼物	lǐwù	名	7
联系	liánxì	动、名	1
练习	liànxí	动、名	1
凉快	liángkuai	形	3
了解	liǎojiě	动	12
领带	lǐngdài	名	9
落	là	动	7
落后	luòhòu	形	11

M

忙	máng	形	12
每人	měi rén		9
美	měi	形	8
名胜古迹	míngshèng gǔjì		8
目的地	mùdìdì	名	10

N

南门	nánmén	名	5
嗯	ǹg	叹	9
年代	niándài	名	11
念	niàn	动	2
弄	nòng	动	7

O

哦	ò	感叹	11

P

爬	pá	动	8

怕	pà	动	5
陪	péi	动	9
平均	píngjūn	形	11
普通	pǔtōng	形	10

Q

起来	qǐ lái		5
钱包	qiánbāo	名	7
亲戚	qīnqi	名	9
请假	qǐng jià		4
请教	qǐngjiào	动	12
取	qǔ	动	7
全国	quánguó	名	11

R

然后	ránhòu	连	6
让	ràng	动	3
热	rè	形	3
热情	rèqíng	形	6
入住	rùzhù	动	10
软卧	ruǎnwò	名	11
软座	ruǎnzuò	名	11

S

山	shān	名	8
商场	shāngchǎng	名	8
身份证	shēnfènzhèng	名	7
身体	shēntǐ	名	5
剩	shèng	动	10
湿	shī	形	3
世纪	shìjì	名	11
市场	shìchǎng	名	9
市内	shìnèi	名	10
试	shì	动	5
收到	shōudào	动	2
手机	shǒujī	名	1
舒服	shūfu	形	4
树木	shùmù	名	8
顺便	shùnbiàn	副	12
顺利	shùnlì	形	12
丝绸	sīchóu	名	9
速度	sùdù	名	11
所以	suǒyǐ	连	4

T

太极拳	tàijíquán	名	5
堂兄	tángxiōng	名	9
特产	tèchǎn	名	12
特点	tèdiǎn	名	8
特快	tèkuài	名	11
疼	téng	形	4
提前	tíqián	动	2
添	tiān	动	1
条	tiáo	量	2
条件	tiáojiàn	名	1
听写	tīngxiě	名	4
停	tíng	动	11
挺……的	tǐng ……de		5

W

外	wài	名	9
外国人	wàiguórén	名	9
网	wǎng	名	10
旺季	wàngjì	名	10
危险	wēixiǎn	形	8
围巾	wéijīn	名	9
文学	wénxué	名	1
问	wèn	动	1
卧铺	wòpù	名	11

X

希望	xīwàng	动	1
下班	xià bān		2
现金	xiànjīn	名	10
项链	xiàngliàn	名	9
校徽	xiàohuī	名	12
信用卡	xìnyòngkǎ	名	10
行	xíng	形	6
行李	xíngli	名	12
学生证	xuéshēngzhèng	名	7
寻物启事	xún wù qǐshì		7

Y

药	yào	名	4
要么	yàome	连	11
要是	yàoshi	连	3
一点儿	yìdiǎnr	数量	4

专有名词 Proper nouns